编 委 会

主　编：何立峰

副主编：林念修

编　委：伍　浩　沈竹林　王昌林　朱建武　周云帆　贾敬敦　申金升

编 写 组

组　长：沈竹林　王昌林　朱建武

副组长：任中保　阮高峰　徐　彬　李　芳　刘国艳　毕　翔

成　员：（按照姓氏笔画排序）

马　瑞　于智锋　王　婷　王　赞　王德花　邓元慧　田　帆
孙启新　孙国玉　申伶坤　安淑新　李　帅　李文奇　李海涛
刘　方　刘　桢　刘中全　刘雅琦　任志鹏　乔黎黎　齐琳娜
张绍阳　张铭慎　张雅琪　张斯琪　张铠麟　何明洋　杨　帆
明书聪　房　瞻　庞　诗　赵　宇　赵　军　赵　静　徐　轶
徐文舸　郭文波　顾梦琛　袁　军　高　贺　栾　婕　屠晓杰
曾红颖　程先柱　谢松延　符星华　蔺　洁　蔡　杨　黎晓奇
魏国学　戴　晨

2021年
中国大众创业万众创新发展报告

国家发展和改革委员会

人民出版社

序　言

习近平总书记指出，要营造有利于创新创业创造的良好发展环境，向改革开放要动力，最大限度释放全社会创新创业创造动能，不断增强我国在世界大变局中的影响力、竞争力。李克强总理强调，要纵深推进大众创业万众创新，进一步激发社会创新创业热情，增强经济发展韧性和内生动力，促进中国经济行稳致远和民生改善。2015年以来，各地区、各部门认真贯彻党中央、国务院决策部署，深入实施创新驱动发展战略，持续推进大众创业万众创新纵深发展，涓滴成河、聚沙成塔，创业不断走向大众、创新持续来自万众，形成共和国历史上又一次大规模创新创业浪潮，汇聚成为推动经济发展的澎湃力量。

有力推动大量市场主体立了起来、活跃起来，对稳定就业和经济大局提供了强有力支撑。七年来，秉持"双创本质上是一个改革"的理念，持之以恒推进"放管服"改革，激发了市场活力和社会创造力，催生出量大面广的市场主体，在疫情严重冲击时，新设市场主体数量保持快速增长。上亿市场主体各显神通、各尽其能，提供了大量就业岗位，创造了巨大社会财富，拓展了经济发展空间。七年来，我国市场主体总量和实有企业数量均实现翻番，独角兽企业数量仅次于美国，是中国经济的韧性所在、发展底气所在。

有力推动新产业新业态新模式加速成长，为经济发展和升级培育了接续有力的新动能。七年来，许多双创主体把创新作为创业的推进器，把创业作为创新的应用场，我国不少应用创新走在了世界前列。新产业新业态新模式如雨后春笋般成长起来，推动传统产业"老树发新芽"，以"三新"（新产业、新业态、新模式）经济为代表的经济新动能成为引领带动经济发展的重要引擎。我国经济发展新动能指数从2015年的119.6跃升至2020年的440.3，"三新"经济增加值占GDP比重达到17.08%，在新冠肺炎疫情冲击下展现出良好的韧性活力。

有力推动不同市场主体携手并进、融通发展，为增强产业链供应链韧性发挥了重要作用。七年来，许多大企业发挥龙头企业优势和平台经济优势，与产业链上下游紧密合作，形成了龙头企业强势带动、积极赋能，中小微企业专精特新发展、共建产业生态的良好态势。越来越多的"高科技""硬科技"成果迈出"深闺"、进入转化、顺利"出圈"，为保持产业链供应链安全稳定和产业体系循环畅通发挥了重要作用。到2021年底，科技型中小企业、高新技术企业的数量均突破了30万家，在加快复工复产、全力保产稳供、促进灵活就业、保障城市运行等方面发挥了不可替代的作用。

有力推动更多人依靠勤劳致富改变命运、实现价值，以机会公平促进社会纵向流动。七年来，创新创业打破了传统择业就业观念，已成为不同群体创造价值、实现梦想和就业致富的有效途径。越来越多高校、科研院所、大企业开放创新资源，扶持和孵化科技型初创企业，大大降低了科技创业门槛。一批批创客甚至普通打工者脱颖而出，一家家小微企业破茧成蝶，随处可见的个体工商户支撑着人们的便利生活，越来越多的普通人以创新创业出彩、靠奋斗致富。截至

2021年底，全国各类返乡入乡创业人员首次突破1100万人，约2000多万返乡留乡人员实现就地就近就业。

要坚持以习近平新时代中国特色社会主义思想为指导，大力实施创新驱动发展战略，持续推动创新创业迈上新台阶。“关山初度尘未洗，策马扬鞭再奋蹄。”创新创业重在超越，需要不懈努力，在奋斗中创造不凡业绩。要不断深化改革开放，强化创新驱动，调动一切积极因素，把创新创业的精气神进一步涵养起来、释放出来，使千千万万想创业、敢创新、能创造的奋进者尽显身手，让人民群众的勤劳智慧、创新创业潜能更加充分地发挥出来，汇聚起推动中国经济社会发展更加磅礴的力量。

编　者

2022年5月

目　录

总　论

创新创业持续发力
汇聚推动经济发展澎湃力量

2021 年，面对复杂严峻的国内外形势和诸多风险挑战，我国继续把保就业、保民生作为宏观调控的一个重要政策取向，把保市场主体放在更加突出的位置，继续优化创新创业环境、完善创新创业平台、加大金融财税政策支持力度、健全多层次资本市场等，创新创业发展进入新阶段，持续激发和释放市场主体活力。2021 年新设市场主体 2887.2 万户，同比增长 15.4%，日登记市场主体 7.91 万户；全国登记在册的市场主体达到 1.54 亿户，同比增长 11.1%，承载了 7 亿多人的就业，保住了经济基本盘，实现了“十四五”良好开局。

一、企业创新能力进一步提升，创新型企业不断涌现

2021 年，在新冠肺炎疫情防控常态化情况下，国家出台一系列优化和落实减税降费政策的新举措，为企业减压纾困，企业科技创新能力显著增强，创新型企业不断涌现，引领行业高质量发展。

企业主体量增质升。新登记企业数量继续较快增长，2021 年全国新设企业 904.0 万户，同比增长 12.5%；平均每天新设企业 2.5 万户，同比增长 12.8%；登记在册企业数量为 4842.3 万户，同比增长 11.8%，增速较上年略有降低。企业专利产出快速提升，2021 年中国申请人通过《专利合作条约》（PCT）途径提交的国际专利申请达

6.95万件,同比增长0.9%,连续三年位居申请量排行榜首位。在《财富》杂志公布的2021年世界500强排行榜中,中国大陆(含香港)上榜公司数量连续两年居于首位,达到135家,比上一年增加11家。

创新型企业加速成长。独角兽企业快速涌现,根据CB Insights的数据,2021年中国拥有独角兽企业168家。全球估值最高的40个独角兽企业中,10个来自中国(包含香港企业在内)。瞪羚企业快速成长,根据胡润研究院首次发布的《胡润全球瞪羚企业》显示,全球共525家瞪羚企业,美国以201家排名第一,中国以171家排名第二,新发现中国瞪羚企业114家,主要来自生物科技、企业服务、人工智能、高端制造等领域。

企业研发实力持续增强。根据《2021年欧盟工业研发投入记分牌》显示,2020年中国有597家企业进入全球研发投入2500强,中国上榜企业总研发投入占比显著提升,比上年提升2.4个百分点,研发投入增长率位列全球第一。根据《2021中国500强企业发展报告》显示,2021年中国500强企业共投入研发经费1.31万亿元,比上年增长21.50%;研发强度为1.77%,提高0.16个百分点,创下历年500强研发强度新高。

二、各类创业群体规模继续扩大,稳住了就业基本盘

2021年,在各类政策的大力支持下,青年、大学生、留学回国人员、返乡农民工等创业群体规模不断扩大,活力不断释放,创业带动就业成效显著。

创业带动就业成效显著。深入实施创业带动就业示范行动,依托212家国家双创示范基地,开展社会服务领域双创带动就业、高校毕业生创业就业"校企行"、大中小企业融通创新、精益创业带动就业等专项行动,带动新增大量就业机会。2021年全年累计创造就业

机会 416. 7 万个，其中“校企行”专项行动累计创造就业机会 32. 95 万个，融通创新专项行动累计创造就业机会 55. 7 万个，精益创业专项行动累计创造就业机会 102. 6 万个，社会服务领域创业带动就业专项行动累计创造就业机会 225. 4 万个。

青年创业者规模保持稳定。2021 年新登记注册青年创业者 440. 1 万人，基本与 2020 年持平。其中，大学生（在校生和毕业五年内高校毕业生）创业者 89. 9 万人，同比增长 9. 3%，九成以上大学生创业者从事第三产业。实施中国留学人员回国创业启动支持计划，遴选支持了 92 名留学回国创业人员。

事业单位科研人员参与创业更加踊跃。高校、科研院所等事业单位科研人员依据人社部有关规定，积极采取兼职、在职创办企业、离岗创办企业等多种方式参与创新创业，在成果研发和促进科技成果转化等方面取得显著成效。

返乡创业带动乡村就业。以县域为重点，细化落实扶持返乡创业支持政策。截至 2021 年底，全国返乡入乡创业人数达 1120 万人，同比增长 10. 9%，创历史新高，85%以上重点发展农村一二三产业融合项目。返乡创业农民工人数超过 790 万人，较 2020 年底增加约 80 万人，增速约为 11. 3%，返乡创业农民工占返乡创业人员总数比例为 70. 5%，有力带动了乡村就业。

三、创业融资全面回升，服务双创能力显著增强

2021 年，我国创业融资市场全面回暖，募资与投资规模均大幅度增加，多层次资本市场和金融市场支持双创力度进一步增强。

政府引导基金[①]投资运作效率和产业扶持效果不断增强。2021

① 此处统计仅包含以母基金和直投基金形式存在的政府引导基金，不包含子基金。

年，政府引导基金新设115支，截至2021年底，全国已累计设立1988支，总目标规模达到12.45万亿元，已到位资金6.16万亿元，已基本构建起全方位多层次的政府引导基金体系。加强对存量引导基金的统筹管理和优化整合，更好发挥促进产业发展和转型升级作用。进一步完善政府性融资担保体系建设，自上而下地持续撬动更多担保资金，引导信贷资源支持双创等小微企业发展。

早期投资和创业投资市场均创历史新高。2021年，早期投资市场新募集基金149支，同比上升112.9%；披露募集金额273.9亿元，同比上升109.9%，其中外币基金的披露募集金额达112.47亿元，同比上升206.8%，是推动整体募集金额上升的重要因素。早期投资市场披露投资229.47亿元，同比上升86.4%；平均投资金额为1327.21万元，同比上升6.3%，信息技术行业、生物技术/医疗健康行业、互联网行业成为早期投资三大热门行业。创业投资市场新募集基金1669支，同比上升106.6%；披露募资规模的基金新增募集5346.8亿元，同比上升119.4%。创业投资市场披露投资金额的投资交易达到3710.9亿元，同比上升90%；平均投资规模升至7558万元，为历史最高水平，信息技术、生物技术/医疗健康、半导体及电子设备领域成为最受创投机构青睐的行业，投资阶段主要集中在科创企业的扩张期，投资退出渠道日益畅通。

多层次资本市场支持双创力度进一步增强。2021年，我国继续纵深推进资本市场改革，设立了北京证券交易所，具备了全面实行股票发行注册制的条件，稳步开展并购重组注册制试点，资本市场支持双创的力度进一步增强。2021年，科创板首发企业162家，合计募集资金2029亿元；创业板首发企业199家，合计募集资金1475亿元；新三板挂牌公司累计发行普通股598次，融资金额281亿元，其中385家高新技术企业完成定向发行405次，融资金额139.3亿元；区域性股权市场实现各类融资2909亿元；国内与私募股权相关的并购交易共计发生 251 起，同比增长 10.6%，披露金额的并购案例总交易规模为 1687.3 亿元，同比减少 33.7%，半导体及电子设备成为并购交易最活跃的行业。

金融机构服务双创质效进一步提升。2021 年，我国通过支持发行双创金融债券、创新金融服务科技创新模式、加大小微企业信贷支持力度等方式，多措并举引导更多金融资源支持创新创业。支持商业银行发行双创金融债，截至 2021 年底，商业银行累计发行双创金融债 608 亿元。创新设立高成长型企业债，截至 2021 年底，累计支持 18 家"专精特新"小巨人企业、高新技术企业发行高成长型企业债 154 亿元。继续支持成立科技支行，截至 2021 年底，全国银行业金融机构设立科技支行 956 家，较年初增加 121 家。拓宽贷款抵质押范围，运用知识产权质押融资等产品为科技企业提供授信，截至 2021 年底，知识产权质押融资业务累计发放贷款 828.6 亿元，同比增长 39.83%。加大小微企业信贷支持力度，截至 2021 年底，全国普惠型小微企业贷款余额 19.07 万亿元，同比增长 24.94%，较各项贷款增速高出 13.64 个百分点。引导各地金融机构加大扶持"双创"重点群体，搭建创业服务平台，提供优质资源。

四、加大政策扶持力度，增强创新创业主体活力

2021 年，为应对新冠肺炎疫情的持续冲击，我国继续加大政策支持力度、健全创新创业体制机制、优化提升创业服务水平，在保护市场主体的同时，激发市场主体活力，促进实现稳增长、保就业、防通胀。

减税降费助企纾困促发展。进一步推进减税降费，优化财税支持政策，降低市场主体运营成本，2021 年新增减税降费约 1.1 万亿元。首次设立市场主体歇业制度，聚焦重点行业开展定向支持，保住市场主体。进一步发挥信用信息对中小微企业融资的支持作用，继

续实施小微企业融资担保业务降费奖补政策、灵活精准运用多种金融政策工具，降低中小微企业融资成本。

进一步健全创新创业体制机制。服务“六稳”“六保”，深化“证照分离”改革，开展营商环境创新试点，持续深化“放管服”改革，培育和激发市场主体活力。推广创新举措和典型经验，深入推进全面创新改革工作，支持区域高质量创新发展。健全科技成果转化激励机制，完善科研经费管理制度，发挥女性科技人才作用，进一步推动相关政策落地落实，健全人才激励机制。

强化创新创业平台建设。建设支撑创新创业的基础平台，建设特色化、功能化、高质量的创业平台载体，加快推动创业资源开放共享。针对重点群体提供全链条专业化服务，加强知识产权保护运用，强化标准对服务的指导，提升科技金融服务水平，提升专业化服务水平。切实降低创新创业门槛，提升创新创业的便利化程度。

五、创新创业持续发力，助推经济高质量发展

2021 年，我国双创向更大范围、更高层次和更深程度发展，在新动能培育、产业链供应链生态优化、区域协调发展等方面发挥着越来越重要的作用。

经济发展新动能加快培育。新型基础设施加快布局，宽带网络演进迈入重构关键期，云计算产业进入发展新阶段，大数据产业驶入发展快车道，基础算力产业引领发展新态势。新基建为融合应用带来红利，5G 商用模式创新浪潮不断涌现，数字孪生城市落地探索持续深入，金融科技融合发展全面提速，安全应急产业全面布局协调推进。新兴技术潜能不断释放，区块链向多层次融合创新演变，虚拟现实迈入产业发展成熟期，开源生态呈现产业化发展趋势，量子信息商业应用模式持续涌现。

数字产业化和产业数字化加速。数字产业服务化稳步推进，新

模式、新业态推动ICT产业结构持续服务化，线上消费促进生活服务新业态蓬勃兴起。实体经济数字化转型升级，5G、云计算、大数据、人工智能、区块链等新技术层出不穷，产业数字化深层次拓展持续加速，工业互联网成为产业数字化转型重要途径。探索数字化治理新路径，信息通信技术持续赋能社会治理精准化，数据共享开放释放要素价值。

产业链供应链创新生态不断优化。围绕产业链供应链关键环节，搭建资源汇聚和共享平台，加快推进科技与产业链深度融合，打造产学研融通创新共同体。围绕保产业链供应链安全稳定，依托龙头企业建设“三个生态”，锻造产业链供应链“长板”，打造整合创新资源、组织创新活动、促进成果应用的“平台”，带动中小企业在细分领域精耕细作，培育补齐产业链供应链“短板”，增强产业链供应链韧性。

区域创新创业能力不断提升。科创中心发挥区域创新创业高地引领作用，在京津冀、长三角和粤港澳大湾区率先形成区域创新创业高地，双创示范基地联盟促进跨区域融通发展。跨区域双创合作助力产业实现转型升级，区域创新联盟助力新兴产业发展，转移转化联盟加速科技创新成果落地，创新创业全球化合作不断推进。企业创新能力不断增强，企业研发经费支出规模持续快速增长，企业专利产出快速提升，独角兽企业快速涌现，瞪羚企业快速成长。

第一章　创新创业环境

2021年,党中央、国务院制定出台了一系列助企纾困扶持政策,扎实推进“放管服”改革,不断加大创新创业支持力度,进一步激发市场主体活力和社会创造力。

第一节　保护市场主体

按照2021年《政府工作报告》关于“注重用改革和创新办法,助企纾困和激发活力并举,帮助受冲击最直接且量大面广的中小微企业和个体工商户渡难关”的部署要求,在压减政府支出的同时为市场主体纾困,2021年新增减税降费约1.1万亿元,进一步解决中小微企业融资难题,更大程度激发市场主体活力,促进实现稳增长、保就业、防通胀。

一、帮助市场主体平稳渡过难关

加大中小企业纾困帮扶力度。政府工作报告提出宏观政策要继续为市场主体纾困,保持必要支持力度,不急转弯,要继续执行制度性减税政策,延长小规模纳税人增值税优惠等部分阶段性政策执行期限,实施新的结构性减税举措,对冲部分政策调整带来的影响,同时,进一步解决中小微企业融资难题。国务院办公厅印发《关于进一步加大对中小企业纾困帮扶力度的通知》(国办发〔2021〕45 号),从加大纾困资金支持力度、进一步推进减税降费、灵活精准运用多种金融政策工具等九个方面提出一系列具体措施,加大助企纾困力度、减轻企业负担、帮助渡过难关。

聚焦重点行业开展定向支持。商务部等 6 部门联合印发《关于支持线下零售、住宿餐饮、外资外贸等市场主体纾困发展有关工作的通知》(商财函〔2021〕442 号),明确通过加强普惠金融服务、发挥专项资金引导作用、优化出口退税办理等一系列具有针对性的财税金融支持举措,进一步加大对线下零售、住宿餐饮、外资外贸等受疫情持续影响企业的定向支持,帮助相关行业企业有效应对疫情影响。文化和旅游部、中国人民银行、中国银行保险监督管理委员会共同出台《关于抓好金融政策落实进一步支持演出企业和旅行社等市场主体纾困发展的通知》(文旅产业发〔2021〕41 号),就金融支持演出企业、旅行社两类市场主体纾困发展出台相关举措。文化和旅游部印发《关于加强政策扶持进一步支持旅行社发展的通知》(文旅市场发〔2021〕60 号),提出优化市场环境、抓好金融政策落实、指导用好普惠性纾困政策三方面措施,支持旅行社积极应对经营困难,有效降低经营成本,推动旅行社经营全面恢复和高质量发展。

设立市场主体歇业制度。新冠肺炎疫情发生以来,部分市场主体受疫情影响,暂时无法进行正常的经营活动,但仍有比较强的经营意愿和能力。为解决相关问题,《中华人民共和国市场主体登记管理条例》(国令第 746 号)中首次设立了市场主体的歇业制度,明确因自然灾害、事故灾难、公共卫生事件、社会安全事件等造成经营困难的市场主体可以自主决定在一定时期内歇业,最长期限不超过 3 年。

二、减轻中小企业税费负担

持续实施税收优惠政策。财政部会同税务总局先后发布《关于明确增值税小规模纳税人免征增值税政策的公告》(财政部 税务总局公告 2021 年第 11 号)、《关于实施小微企业和个体工商户所得税优惠政策的公告》(财政部 税务总局公告 2021 年第 12 号),明确实施小微企业和个体工商户增值税、所得税优惠政策的有关事项。国家税务总局印发《关于落实支持小型微利企业和个体工商户发展所得税优惠政策有关事项的公告》(国家税务总局公告 2021 年第 8 号),进一步推动政策落实落地。

延长优惠政策执行期限。财政部、税务总局先后发布《关于延长部分税收优惠政策执行期限的公告》(财政部 税务总局公告 2021 年第 6 号)、《关于延续实施应对疫情部分税费优惠政策的公告》(财政部 税务总局公告 2021 年第 7 号),明确延续实施的优惠政策及执行期限,帮助企业纾困发展。人力资源社会保障部、国家发展改革委、教育部、财政部、中央军委国防动员部联合出台《关于延续实施部分减负稳岗扩就业政策措施的通知》(人社部发〔2021〕29 号),明确继续实施普惠性失业保险稳岗返还、继续实施以工代训扩围、继续实施困难人员培训生活费补贴等八方面政策。

降低中小企业运营成本。国家发展改革委、工业和信息化部、财政部、人民银行联合发布《关于做好 2021 年降成本重点工作的通知》,要求降低实体经济企业成本工作部际联席会议将重点组织落实好持续合理降低税费负担、深化金融让利有效支持实体经济、着力降低制度性交易成本、合理降低企业人工成本、降低企业用能用地成本、推进物流降本增效、提高企业资金周转效率、激励企业内部挖潜等八个方面 19 项任务。

推动税费支持政策落实。交通运输部发布《关于做好交通运输业财税金融优惠政策落实工作的通知》(交财审明电〔2021〕79 号),梳理形成了《2021 年以来涉交通运输业国家主要财税金融优惠政策目录清单》。国家税务总局办公厅会同中华全国工商业联合会办公厅印发《2021 年助力小微企业发展“春雨润苗”专项行动方案》(税总办发〔2021〕23 号),共同开展 2021 年助力小微企业发展“春雨润苗”专项行动,推出“惠苗政策进万家”“助苗服务优体验”“护苗成长促发展”3 大类主题活动 12 项行动措施,让各项税费支持政策和创新服务举措及时惠及小微企业,有效激发市场主体活力、拓展成长空间,合力帮助“小微之苗”纾困发展。

三、降低小微企业融资成本

缓解小微企业融资难融资贵难题。国务院办公厅发布《关于印发加强信用信息共享应用促进中小微企业融资实施方案的通知》(国办发〔2021〕52 号),明确了加强信用信息共享整合、深化信用信息开发利用、保障信息主体合法权益三方面主要任务和工作措施,就进一步发挥信用信息对中小微企业融资的支持作用、推动建立缓解中小微企业融资难融资贵问题的长效机制作出部署。财政部、工业和信息化部印发《关于继续实施小微企业融资担保业务降费奖补政策的通知》(财建〔2021〕106 号),明确 2021—2023 年,中央财政继续通过中小企业发展专项资金,采用奖补结合的方式,引导地方支持扩大实体经济领域小微企业融资担保业务规模,降低小微企业融资担保成本。

优化小微企业金融服务。中国银保监会办公厅印发《关于 2021 年进一步推动小微企业金融服务高质量发展的通知》(银保监办发〔2021〕49 号),围绕总体目标,明确了五方面政策要求,即以信贷投放为抓手,确保稳定高效的增量金融供给;以支持创新为出发点,全面优化金融供给结构;做优体制机制和专业能力,实现“敢贷愿贷、能贷会贷”；多措并举盘活存量信贷资源，提高金融供给效率；强化监管引领督导，推动营造更好外部环境。中国人民银行印发《关于做好小微企业银行账户优化服务和风险防控工作的指导意见》（银发〔2021〕260号），提出优化银行账户开户流程、提升银行开户服务透明度、加强银行账户风险防控能力、建立银行账户管理长效机制四方面措施，切实解决小微企业开户难问题。

第二节　健全体制机制

2021年，在深入推进“放管服”改革、推动区域创新发展、健全人才激励机制、强化科技创新支撑等方面出台了一系列相关政策，持续优化创新创业生态，有效激发了市场主体活力和社会创造力。

一、深入推进“放管服”改革

持续深化“放管服”改革。国务院办公厅印发《关于服务“六稳”“六保”进一步做好“放管服”改革有关工作的意见》（国办发〔2021〕10号），提出进一步推动优化就业环境、进一步推动减轻市场主体负担、进一步推动扩大有效投资等七个方面具体措施。全国深化“放管服”改革着力培育和激发市场主体活力电视电话会议作出部署，持续一体推进“放管服”改革，打造市场化、法治化、国际化营商环境，培育壮大市场主体，更大激发市场活力和社会创造力。国务院办公厅印发《全国深化“放管服”改革　着力培育和激发市场主体活力电视电话会议重点任务分工方案》（国办发〔2021〕25号），对深化“放管服”改革优化营商环境工作作出部署，从创新实施宏观政策和深化“放管服”改革、着力打造市场化营商环境、着力打造法治化营商环境、着力打造国际化营商环境、推动改革举措落地见效五个方面明确

25 项重点任务。国家税务总局出台《关于进一步深化税务领域“放管服”改革　培育和激发市场主体活力若干措施的通知》（税总征科发〔2021〕69 号），推出 15 条新举措，进一步深化税务领域“放管服”改革。国家知识产权局印发《关于深化知识产权领域“放管服”改革优化创新环境和营商环境的通知》（国知发服字〔2021〕10 号），从六方面提出 16 项政策举措，进一步深化知识产权领域“放管服”改革。

深化“证照分离”改革。国务院印发《关于深化“证照分离”改革进一步激发市场主体发展活力的通知》（国发〔2021〕7 号），部署自 2021 年 7 月 1 日起，在全国范围内实施涉企经营许可事项全覆盖清单管理，对所有涉企经营许可事项按照直接取消审批、审批改为备案、实行告知承诺、优化审批服务四种方式分类推进审批制度改革，同时在自贸试验区进一步加大改革试点力度。海关总署印发《海关深化“证照分离”改革进一步激发市场主体发展活力的实施方案》（署法发〔2021〕60 号）；财政部印发《关于深化代理记账行业“证照分离”改革进一步激发市场主体发展活力的通知》（财办会〔2021〕20 号）；商务部、中国银保监会、自然资源部等部门陆续印发相关领域深化“证照分离”改革进一步激发市场主体发展活力工作实施方案，进一步推动在相关领域和行业深化“证照分离”改革，优化营商环境。

开展营商环境创新试点。国务院印发《关于开展营商环境创新试点工作的意见》（国发〔2021〕24 号），在北京、上海、重庆、杭州、广州、深圳 6 个城市部署开展营商环境创新试点，鼓励有条件的地方进一步瞄准最高标准、最高水平开展先行先试，加快构建与国际通行规则相衔接的营商环境制度体系，并从 10 个方面制定 101 项改革举措，聚焦市场主体关切，加快打造市场化、法治化、国际化的一流营商环境，更大力度利企便民。为了规范市场主体登记管理行为，推进法治化市场建设，维护良好市场秩序和市场主体合法权益，优化营商环境，出台《中华人民共和国市场主体登记管理条例》（国令第746号）。

二、推动区域重点领域改革创新

深入推进全面创新改革工作。国家发展改革委、科技部联合印发《关于深入推进全面创新改革工作的通知》（发改高技〔2021〕484号），明确深入推进全面创新改革的总体要求，部署四项重点任务，即构建高效运行的科研体系、打好关键核心技术攻坚战、促进技术要素市场体系建设和包容审慎监管新产业新业态，并提出组织方式和具体要求。

促进重点区域创新管理机制。国务院印发《关于支持北京城市副中心高质量发展的意见》（国发〔2021〕15号），明确了支持北京城市副中心高质量发展的指导思想、基本原则、主要目标，围绕六个方面部署了重点任务：一是坚持创新驱动，打造北京发展新高地；二是推进功能疏解，开创一体化发展新局面；三是强化规划管理，创建新时代城市建设发展典范；四是加强环境治理，建设国家绿色发展示范区；五是对标国际规则，搭建更高水平开放新平台；六是加大改革力度，增强发展动力活力。

推广创新改革举措和典型经验。国家发展改革委发布《关于推广借鉴深圳经济特区创新举措和经验做法的通知》（发改地区〔2021〕1072号），在总结深圳经济特区已复制推广经验的基础上，进一步梳理形成了党的十八大以来深圳经济特区创新举措和经验做法，共5方面47条，主要包括建立“基础研究+技术攻关+成果产业化+科技金融+人才支撑”全过程创新生态链、建立健全促进实体经济高质量发展的体制机制、构建以规则机制衔接为重点的制度型开放新格局、创新优质均衡的公共服务供给体制、创新推动城市治理体系和治理能力现代化等，鼓励各地结合实际学习借鉴。

三、健全人才激励机制

健全科技成果转化激励机制。一方面，健全完善科技成果评价体系。国务院办公厅印发《关于完善科技成果评价机制的指导意见》（国办发〔2021〕26 号），围绕科技成果“评什么”“谁来评”“怎么评”“怎么用”完善评价机制，作出明确工作安排部署，提出全面准确评价科技成果的科学、技术、经济、社会、文化价值等十项主要工作举措。另一方面，增强科研人员在成果转化方面的获得感。人力资源社会保障部、财政部、科技部联合印发《关于事业单位科研人员职务科技成果转化现金奖励纳入绩效工资管理有关问题的通知》（人社部发〔2021〕14 号），为落实以增加知识价值为导向的收入分配政策，进一步推动科技成果转移转化，明确“科研人员获得的职务科技成果转化现金奖励计入当年本单位绩效工资总量，但不受总量限制，不纳入总量基数”，并提出具体的操作办法。

完善科研经费管理制度。国务院办公厅出台《关于改革完善中央财政科研经费管理的若干意见》（国办发〔2021〕32 号），从扩大科研项目经费管理自主权、完善科研项目经费拨付机制、加大科研人员激励力度等 7 个方面，提出 25 条改革政策和工作要求。

推动相关政策落实落地。自然资源部办公厅印发《关于进一步落实科技创新有关政策的若干措施》（自然资办发〔2021〕69 号），提出进一步完善落实科研经费管理政策、强化高层次科技创新人才激励、建立绩效工资水平动态调整机制等六方面政策举措。为贯彻落实中共中央办公厅、国务院办公厅《关于深化职称制度改革的意见》，促进实验技术人才职业发展，人力资源社会保障部、教育部联合发布《关于深化实验技术人才职称制度改革的指导意见》（人社部发〔2021〕62 号），提出通过健全制度体系、完善评价标准、创新评价机制等改革措施，形成以品德、能力和业绩为导向，以促进实验技术人才职业发展为核心，覆盖全面、设置合理、评价科学、管理规范的实验技术人才职称制度。

发挥女性科技人才作用。科技部等13部门印发《关于支持女性科技人才在科技创新中发挥更大作用的若干措施》（国科发才〔2021〕172号），提出要深刻认识支持女性科技人才在科技创新中发挥更大作用的重要意义，并从培养造就高层次女性科技人才、大力支持女性科技人才创新创业、完善女性科技人才评价激励机制、支持孕哺期女性科技人才科研工作、加强女性后备科技人才培养、加强女性科技人才基础工作六方面提出16项措施，进一步激发女性科技人才创新活力，更好发挥女性科技人才在推动创新驱动发展、实现高水平科技自立自强、建设世界科技强国中的重要作用。

第三节　完善政策体系

2021年，陆续出台多项文件，加大创新创业支持力度，优化投融资环境，强化创业带动就业，政策体系不断完善。

一、加大创新支持力度

减税降费向制造业倾斜。国务院部署要求，进一步采取市场化方式加强对中小微企业的金融支持；确定加大对制造业支持的政策举措，促进实体经济稳定发展。要加大对制造业助企纾困和发展的支持力度，扎实推动制造业从中低端向中高端迈进。实施减税降费政策要向制造业倾斜，加大研发费用加计扣除、增值税留抵退税等政策力度，支持企业科技创新和传统产业改造升级。扩大制造业中长期贷款、信用贷款规模。会议还要求，鼓励大企业带动更多中小企业融入供应链创新链，支持更多“专精特新”“小巨人”企业成长。深化和拓展国际合作，支持外资企业加大对中高端制造、研发中心等的投资。维护产业链供应链稳定。

强化研发费用“加计扣除”政策支持。实施提高制造业企业研发费用加计扣除比例等政策，激励企业创新，促进产业升级。出台《关于进一步完善研发费用税前加计扣除政策的公告》（财政部 税务总局公告 2021 年第 13 号），明确了制造业企业开展研发活动中实际发生的研发费用，未形成无形资产计入当期损益的，在按规定据实扣除的基础上，自 2021 年 1 月 1 日起，再按照实际发生额的 100%在税前加计扣除；形成无形资产的，自 2021 年 1 月 1 日起，按照无形资产成本的 200%在税前摊销。

出台支持科技创新进口税收政策。财政部、海关总署、税务总局联合发布《关于“十四五”期间支持科技创新进口税收政策的通知》（财关税〔2021〕23 号），明确对科学研究机构、技术开发机构、学校、党校（行政学院）、图书馆进口国内不能生产或性能不能满足需求的科学研究、科技开发和教学用品，免征进口关税和进口环节增值税、消费税。

二、优化双创投融资环境

拓宽中小企业融资渠道。2021 年，中小企业迎来新一轮政策力挺，其中鼓励创新和融资支持成为部署重点。工业和信息化部等 19 部门发布《“十四五”促进中小企业发展规划》（工信部联规〔2021〕200 号）（以下简称《规划》），对“十四五”期间促进中小企业发展工作做出部署。《规划》将“提升中小企业创新能力和专业化水平”作为总目标，明确推动形成一百万家创新型中小企业、十万家“专精特新”中小企业、一万家专精特新“小巨人”企业。《规划》围绕提高融资可得性，深入实施“中小企业融资促进工程”，明确提高间接融资供给质量、促进中小企业直接融资、创新金融服务模式、加强融资配套体系建设等工作要求。

推进科技成果转化落地。一方面，科技部、财政部联合印发《国家科技成果转化引导基金创业投资子基金变更事项管理暂行办法》(国科发区〔2021〕46号)，就子基金变更事项分类、子基金变更事项管理、子基金变更事项监督做出相关规定，提高子基金规范化管理和专业化服务水平，提升运行效率。另一方面，提升高校院所等创新主体知识产权转化率和实施效益，财政部办公厅和知识产权局办公室发布《关于实施专利转化专项计划助力中小企业创新发展的通知》(财办建〔2021〕23号)，强调要通过大数据手段分析筛选高校院所未实施的"沉睡专利"，通过先使用后缴纳许可费等方式，降低中小企业专利技术获取门槛。国资委科创局发布《中央企业科技创新成果推荐目录(2020年版)》，包括核心电子元器件、关键零部件、分析测试仪器、基础软件、关键材料、先进工艺、高端装备以及其他等8个领域共178项技术产品，加快中央企业科技创新成果的应用推广。

三、强化创业带动就业

引导扶持创新创业。人力资源社会保障部发布《关于做好2021年全国高校毕业生就业创业工作的通知》(人社部函〔2021〕27号)，提出要引导扶持创新创业，各地要积极支持有意愿、有潜能的毕业生投身创新创业。将创业培训向校园延伸，针对毕业生提供创业意识教育、创业项目指导、网络创业等培训。加大资金保障力度，允许毕业生在创业地申请创业担保贷款。倾斜创业服务资源，为毕业生推荐适合的创业项目，提供咨询辅导、成果转化、跟踪扶持等一站式服务，政府投资开发的各类创业载体安排一定比例场地免费向毕业生提供。深入实施留学人员回国创业启动支持计划。支持毕业生从事个体经营、非全日制就业和平台就业等。教育部办公厅《关于印发全国普通高校毕业生就业创业指导委员会章程的通知》（教学厅函〔2021〕31 号）指出，要建立科学合理、规范有效的工作机制，坚持就业优先政策，健全高校毕业生就业支持体系，广泛汇聚市场化社会化就业创业资源，多渠道拓展就业空间，促进高校毕业生更加充分更高质量就业。

提升大学生创新创业能力。《国务院办公厅关于进一步支持大学生创新创业的指导意见》（国办发〔2021〕35 号）发布，指出要提升大学生创新创业能力、优化大学生创新创业环境、加强大学生创新创业服务平台建设、推动落实大学生创新创业财税扶持政策、加强对大学生创新创业的金融政策支持等，支持在校大学生提升创新创业能力。教育部印发《关于做好 2022 届全国普通高校毕业生就业创业工作的通知》（教学〔2021〕5 号），实施“2022 届全国普通高校毕业生就业创业促进行动”，健全就业创业促进机制，推动就业创业工作提质增效，促进高校毕业生更加充分更高质量就业。《通知》要求着力完善市场化社会化就业促进机制、充分发挥政策性岗位吸纳作用、强化就业指导服务、开展重点群体就业帮扶、完善就业统计发布机制、持续深化高等教育改革、加强组织领导等事项。

支持港澳青年、退役军人就业创业。人社部出台《关于支持港澳青年在粤港澳大湾区就业创业的实施意见》（人社部发〔2021〕75 号）提出，根据港澳青年创业意向和创业领域，推荐合适的创业项目，提供咨询辅导、跟踪扶持、成果转化等“一条龙”创业服务。退役军人事务部等 8 部门出台《关于促进退役军人到开发区就业创业的意见》（退役军人部发〔2021〕6 号）要求，要发挥区内创新创业服务机构作用，在同等条件下，优先为退役军人及其创办企业提供金融、外贸、法律、保险、审计、会计、知识产权、资产评估、计算、测试、信息咨询、人才交流与培训等支撑服务。

第四节　优化创业服务

2021 年，各部门根据各类创新创业主体的切身需求，通过强化创新创业平台建设、提升专业化服务水平、为创新创业主体提供便利化服务等举措，不断完善创新创业服务体系，切实为创新创业主体提供高质量创新创业服务。

一、强化创新创业平台建设

建设支撑创新创业的基础平台。中国科协积极打造“科创中国”，将公共技术服务与交易平台纳入双创政策体系，为创新创业活动提供灵活便捷服务。科技部、财政部印发《国家技术创新中心建设运行管理办法（暂行）》（国科发区〔2021〕17 号），从管理职责、组建程序和条件、运行管理、绩效评估等方面做出具体规定。教育部办公厅发布《关于组织开展 2021 年度省部共建协同创新中心申报工作的通知》（教科信厅函〔2021〕26 号），明确推荐条件和工作要求；国家发展改革委、中央网信办、工业和信息化部、国家能源局联合印发《全国一体化大数据中心协同创新体系算力枢纽实施方案》（发改高技〔2021〕709 号），明确提出布局全国算力网络国家枢纽节点，启动实施“东数西算”工程，构建国家算力网络体系。

建设特色化、功能化、高质量的创业平台载体。《国务院关于印发“十四五”就业促进规划的通知》（国发〔2021〕14 号）提出，要构建众创空间、孵化器、加速器、产业园相互接续的创业平台支持链条；创新创业孵化载体建设模式，支持大企业与地方政府、高校共建，提高利用率；实施全国创业孵化示范基地改造提升工程，强化服务质量管理，提升孵化服务功能；鼓励地方开辟退役军人创业专区和退役军人就业创业园地，依托各类产业园区建设一批返乡入乡创业园，加强大学生创业园等孵化载体建设；支持地方进一步加快建设留学人员创业园，持续推动省部共建。《国务院办公厅关于进一步支持大学生创新创业的指导意见》（国办发〔2021〕35号）提出，要深入实施创业就业“校企行”专项行动，推动企业示范基地和高校示范基地结对共建、建立稳定合作关系，推动中央企业、科研院所和相关公共服务机构利用自身技术、人才、场地、资本等优势，为大学生建设集研发、孵化、投资等于一体的创新创业培育中心、互联网双创平台、孵化器和科技产业园区。

推动创新创业资源开放共享。《国务院关于印发“十四五”就业促进规划的通知》（国发〔2021〕14号）要求，要强化大企业在市场拓展、产业链协调、带动中小企业创业方面的作用，实施大中小企业融通创新专项行动，鼓励大企业向中小企业开放资源、场景、应用、需求，打造基于产业链供应链的创新创业生态。推动国家科研平台、科技报告、科研数据、科研仪器设施、高校实验室进一步向企业、社会组织和个人开放，创造更多创业机会。促进国家级新区、国家自主创新示范区开放企业（项目）资源，建立项目对接机制，吸纳人才创业。

二、提升专业化服务水平

针对重点群体提供全链条专业化服务。《国务院关于印发“十四五”就业促进规划的通知》（国发〔2021〕14号）提出，对国家和地方政府确定的重点群体，主动联系，提供职业指导、职业介绍、创业孵化、政策落实等服务，打造全生态、专业化、多层次的创业服务体系，加快完善创业服务网络。加强服务队伍建设，为创业者提供政策咨询、项目推介、开业指导等服务；推广创业导师制，推行科技特派员制度，支持科技领军企业、高技能人才、专业技术人才等到基层开展创业服务。

加强知识产权保护运用。《国务院关于印发"十四五"国家知识产权保护和运用规划的通知》(国发〔2021〕20 号)发布,指出将推进国有知识产权权益分配改革。强化国家战略科技力量,深化科技成果使用权、处置权、收益权改革,开展赋予科研人员职务科技成果所有权或长期使用权试点。国家知识产权局印发《推动知识产权高质量发展年度工作指引(2021)》(国知发运字〔2021〕3 号),明确主要目标,确定强化知识产权高质量发展标杆引领、强化知识产权高质量发展政策配套实施、强化知识产权高质量发展统计监测三个方面的重要任务。国家知识产权局、中国科学院、中国工程院、中国科学技术协会联合印发《关于推动科研组织知识产权高质量发展的指导意见》(国知发运字〔2021〕7 号),提出四个方面十二条任务。

强化标准对服务的指导。中共中央、国务院印发《国家标准化发展纲要》提出,要完善科技成果转化为标准的评价机制和服务体系,推进技术经理人、科技成果评价服务等标准化工作,完善标准必要专利制度,加强标准制定过程中的知识产权保护,促进创新成果产业化应用。要将标准研制融入共性技术平台建设,缩短新技术、新工艺、新材料、新方法标准研制周期,加快成果转化应用步伐。

提升科技金融服务水平。中国银保监会印发《关于银行业保险业支持高水平科技自立自强的指导意见》(银保监发〔2021〕46 号),从创新产品和服务、提升管理水平、推动外部生态建设等方面,明确提出加强科技金融服务要求,推动完善多层次、专业化、特色化的科技金融体系,为实现高水平科技自立自强提供有力支撑。国家知识产权局、中国银保监会、国家发展改革委共同印发《知识产权质押融资入园惠企行动方案(2021—2023 年)》(国知发运字〔2021〕17 号),在措施优化、模式创新和服务提升等方面提出了具体行动措施,推动知识产权质押融资工作深入园区、企业和金融机构基层网点,更好服务创新型中小微企业。

三、提高服务便利化程度

降低创新创业门槛。《国务院关于印发“十四五”就业促进规划的通知》(国发〔2021〕14 号)要求,要加大对初创实体的支持力度,进一步降低创业成本,提升初创企业持续发展能力。退役军人事务部等 8 部门出台《关于促进退役军人到开发区就业创业的意见》(退役军人部发〔2021〕6 号)提出,鼓励政府投资开发的孵化基地等创业载体对退役军人予以优先支持,对各区孵化基地等创业载体,优惠或免费提供退役军人场地、设置退役军人专区的,当地政府可视情给予适当支持,要加大对退役军人初创企业的土地使用、项目遴选、贷款抵押、导师推荐、房租减免、住房优惠等政策扶持力度,降低创业成本。

提升创新创业便利化程度。《国务院关于印发“十四五”就业促进规划的通知》(国发〔2021〕14 号)提出,要落实创业担保贷款及贴息政策,提高贷款便利度和政策获得感。拓展创业企业直接融资渠道,健全投资生态链,更好发挥创业投资引导基金和私募股权基金作用,加大初创期、种子期投入。要提升创业板服务成长型创业企业功能,支持符合条件的企业发行企业债券。商务部、工业和信息化部、生态环境部等 8 部门联合印发《关于开展全国供应链创新与应用示范创建工作的通知》(商流通函〔2021〕113 号),部署开展示范创建工作,力争用 5 年时间,培育一批全国供应链创新与应用示范城市和示范企业。退役军人事务部等 8 部门出台《关于促进退役军人到开发区就业创业的意见》(退役军人部发〔2021〕6 号),要求要鼓励各区开设退役军人“绿色通道”,对符合入驻条件的,简化相关核准手续;退役军人创办企业申请高信用等级管理的,应加快认定工作进程。

第五节 营造创业文化

2021 年,各部门各地方通过政策引导、活动助力和典型宣介等多措并举,持续激发创新创业热情,进一步营造更加良好的创业文化氛围。

一、强化干事创业政策引导

推广农民工返乡创业试点经验。国家发展改革委办公厅印发了《关于推广支持农民工等人员返乡创业试点经验的通知》(发改办就业〔2021〕721 号),对 341 个返乡创业试点县(市、区)支持农民工等人员返乡创业试点经验予以推广。

支持大学生创新创业。国务院办公厅印发《关于进一步支持大学生创新创业的指导意见》(国办发〔2021〕35 号),支持在校大学生提升创新创业能力,支持高校毕业生创业就业,提升人力资源素质,促进大学生全面发展,实现大学生更加充分更高质量就业。

二、培育区域特色创新文化

建立金融帮扶创新创业政策体系。湖北省出台《关于实施"才聚荆楚"工程促进高校毕业生就业创业的若干措施》,通过发放创业补贴,加大创业担保贷款发放力度,强化创业资金扶持,打造创业孵化示范平台,给予创业场地租金补贴,加强创业教育培训,落实税收优惠政策。福建省为在闽就业创业的台胞台企申请创业担保贷款,并由财政对除个人及企业承担的贷款市场利率给予贴息。河南省印发《创业投资引导基金实施方案》,总规模 150 亿元,带动更多社会资本投向创业投资领域,缓解初创企业"成长烦恼"。云南省举办"创业担保贷款服务月"活动;宁波推出金融支持人才创新创业 17

条举措，通过银行、资本、保险、担保、融资租赁等全体系金融组合，以人才企业发展需求为导向，为企业提供从初创期、成长期到壮大成熟期的全生命周期金融服务。

打造支撑创新创业特色载体。广西人力资源和社会保障厅与自治区财政厅联合印发《关于进一步加强创业孵化基地建设和扶持工作的通知》，进一步完善创业孵化基地准入和退出机制，并加强对运营方和入驻方的补贴力度。

三、拓展创新创业活动舞台

双创活动周线上线下成功举办。2021 年全国双创活动周于 10 月 19 日至 25 日成功举办。活动周坚持以习近平新时代中国特色社会主义思想为指导，紧扣"高质量创新创造，高水平创业就业"主题，聚焦创业带动就业，活动周于 10 月 19 日全国同步启动，李克强总理出席活动周启动仪式并发表重要讲话，郑州主会场及北京会场、35 个地方分会场 5000 多人线下参加。活动周期间共举办 1400 多场线上线下活动，吸引线上线下约 8000 万人次参与，各方面普遍反映，李克强总理的重要讲话进一步坚定了全社会纵深推进大众创业万众创新的信心，为进一步优化营商环境、深化"放管服"改革、强化政策激励、扶持创新创业等指明了方向。本次活动周"创业带动就业"主题贯穿活动周始终，组委会征集 3000 多个相关展览展示项目，有关部门举办了 45 场重点活动，数量均为历届之最；而且首次实现线上线下全面深度融合。建设活动周云上官网，设置云展览、云视频、部委活动、地方活动等栏目，直（录）播全国 17 项重点活动，把线下活动搬到线上，向新媒体实时推送新闻报、创新创业者故事等资源，广大社会公众以喜闻乐见的方式参与到活动周中来，极大地激发了创新创业热情。

创响中国活动全年成绩斐然。2021 年"创响中国"活动突出就业优先、融通创新、精益创业和国际合作导向，共有189个双创主体参与，其中包括187家双创示范基地和2家社会主体。累计举办各类创新创业活动约1.15万场次，参与人数约532万人次，参与企业14万余家，带动项目签约1000余个，成交金额约387亿元，提供就业岗位约101万个，55个全国双创示范基地入驻“科创中国”平台。成都郫都区举办了人工智能助力郫都产业发展中外转接对接论坛。迪尚集团为建党100周年庆祝活动研制专用庆典服装。西安电子科技大学重点加强“青年红色筑梦之旅”项目培育，深入开展“青年红色筑梦之旅”活动。中南大学以“创响中国”中南大学站活动为载体，共举办27场“校企行”对接活动，推介大学生项目694项，组织32个团队揭榜企业创新创业需求。长三角双创示范基地联盟举办2021年“创响中国”长三角联盟站双创生态峰会。安徽省发展改革委在合肥高新区举办2021年“创响中国”安徽省创新创业大赛全球总决赛。中国航天科工集团有限公司重点围绕推动科技成果转化、青少年航天科普等方面，全年开展“创响中国·航天科工站”国资科技成果转化与反向孵化高峰论坛、“航天科创之星”培养活动等系列主题活动。

各类创新创业赛事继续拓展影响力。2021年，有关部委、各省市通过线上线下多种形式组织开展各类品牌活动。由工业和信息化部、财政部共同主办的第六届“创客中国”中小企业创新创业大赛，历时6个月共举办33场区域赛、5场专题赛、1场境外区域赛，累计参赛并入库项目31660个，同比增加24.7%，1016家小型微型企业创业创新示范基地、993家中小企业公共服务示范平台参与赛事活动，累计开展1133场对接活动，同比增长41%，1253个项目获得了100多亿元的投资，653个项目达成产业合作协议。由共青团中央联合相关部委共同主办的中国青年创新创业交流营暨第八届“创青春”中国青年创新创业大赛，围绕科技创新、乡村振兴、互联网和社会企业等领域，分别在湖北省武汉市、湖南省郴州市、浙江省杭州市和安徽省合肥市举办，共吸引1.3万个创新创业项目、超过110万名创业青年参加。农业农村部举办第五届全国农村创业创新项目创意大赛，经过省级选拔、半决赛、决赛，从全国2000多个参赛项目中决出44个一、二、三等奖。参赛项目水平显著提高，三分之二的决赛项目持有专利或知识产权，平均每个项目拥有专利或知识产权21项，部分项目还持有国际专利，有的被认定为国家高新技术企业。8月24日，第十二届中国大学生服务外包创新创业大赛在江苏无锡落幕，来自北京交通大学、中南大学、电子科技大学等高校的21支代表队荣获大赛一等奖。10月12日，第七届中国国际"互联网+"大学生创新创业大赛总决赛在南昌大学开幕，来自国内外121个国家和地区、4347所院校的228万余个项目、956万余人次参加。本届大赛新增了产业命题赛道，推动赛事成果转化与产学研深度融合，在更大范围、更高层次邀请国外院校报名参赛，参赛水平继续提升，基本囊括了哈佛大学、麻省理工学院、牛津大学、剑桥大学、东京大学、新加坡国立大学等著名高校在内的世界排名前100的国外高校，国际项目质量再攀新高，促进不同国家青年学生创新创业的跨时空交流。10月16日，吉林省长春市举办第三届全国创业就业服务展示交流活动，该活动以"创业展宏图　劳务铸品牌"为主题，集中展示了各地优化创业就业环境、打造劳务品牌方面的创新实践和工作成效，促进了地区、行业间的交流合作，全力助推创业就业工作。12月18日，由人力资源和社会保障部主办的第一届全国博士后创新创业大赛在广东省佛山市举行，经过3天的激烈角逐，四个组别共产生57个金奖、91个银奖、125个铜奖。大赛期间，吸引1.8万人次参观。

第二章　创新创业服务

2021 年，各类创新创业服务平台持续提升服务覆盖面，提高服务质量，创新服务模式，各类创新创业教育和培训不断丰富完善，在统筹促进经济发展和疫情防控中发挥了重要作用，进一步激发了市场活力和发展内生动力。

第一节　科技创新创业服务支撑平台

以众创空间、科技企业孵化器、专业化众创空间、大学科技园为代表的科技创新服务支撑平台，聚焦高质量发展，在培育新动能、引领科技企业创新发展、吸纳就业等方面发挥了重要作用。

一、科技企业孵化器

2021 年是“十四五”开局之年，我国经济发展已由高速增长阶段转向高质量发展阶段，推动科技创新创业高质量发展成为当年双创工作的“主旋律”和“关键词”。截至 2021 年底，科技企业孵化器 6227 家，形成了覆盖全国 95%的县级以上地区科技型创新创业载体网络，服务初创科技企业超过 24 万家，在政策落实、金融支持、技术创新、成果转化、带动就业等方面发挥重要作用并取得积极成效。

宏观环境优化，政策扎实落实。一是孵化载体税收优惠政策延续执行。2021 年实际享受税收优惠的孵化机构数量达到 1300 家，占机构总数的比例超过 20%，减免税金额达到 8.9 亿元。2022 年 1 月，财政部和税务总局发文将科技企业孵化器等税收优惠政策执行期限延长至 2023 年 12 月 31 日，以税收红利激发双创活力，提高了孵化载体特别是在孵科技创业企业和团队的政策获得感。二是营商环境创新试点工作持续推进。为积极贯彻落实《国务院关于开展营商环境创新试点工作的意见》（国发〔2021〕24 号）精神，北京等 6 个营商环境创新试点城市开展了国家级科技企业孵化器和国家备案众创空间信息变更管理模式创新试点工作，持续优化营商环境，提高服务效能。三是《科技企业孵化器服务规范（GB/T 39668－2020）》宣传贯彻。从技术标准层面对孵化器组织机构、服务人员、场地及设施设备、制度建设、服务流程、服务内容、评价与改进等方面进行规范，以标准化建设助推行业高质量发展。

扎实做好“六稳”“六保”，助力企业逆势发展。当前，我国经济发展面临需求收缩、供给冲击、预期转弱三重压力，局部疫情时有发生，面对复杂严峻的形势和诸多风险挑战，孵化机构通过调整自身业务结构、减免房租、对接多方面资源等方式，迎难而上，为在孵企业纾困解难。在孵企业通过产品创新、调整运营思路、找准细分市场等做法，主动求变，探索发展新机遇。2021 年，孵化器累计为企业和创业团队减免房租 29.1 亿元。青岛国际院士港产业加速器帮助山东一达生物科技有限公司对接区有关部门，将一次性使用病毒采样管推广至澳大利亚、墨西哥等国家和地区，并获得疫情防控专用贷款 200 万元。深圳中欧创新中心的入驻企业富瑞达医疗器械技术服务有限公司在疫情期间抢抓市场机遇，依托海内外十几年强大的医疗器械等咨询认证优势，助力国内防疫物资迅速生产、销售和出口。这家仅有 3 名员工的初创型企业销售额增长近五倍，成为疫情中萧条市场背景下逆势增长的典型。

创新服务模式,加快融通发展。2021 年,越来越多的孵化载体通过探索践行新的运营、服务模式,联动龙头企业、高校、科研院所等多元主体,加速创新创业资源集聚,推动大中小企业融通发展,形成体系化、任务型的协同创新模式。乌鲁木齐搏得梦大学生创新创业孵化基地以文化与科技融合中小微企业孵化服务和大学生创业创新示范为主线,在发展中形成了“定向孵化+产业聚集+特色研发+校企合作”的横向产业发展逻辑和以服务链带动产业链、供应链的企业垂直帮扶逻辑。

加快成果转化,布局新型产业。2021 年,孵化器内的企业拥有有效知识产权 91.7 万件,同比增长 25.9%,其中拥有发明专利 13.7 万件,同比增长 19.4%,大量创新成果通过创业在新一代信息技术、生物技术、新能源技术、新材料技术、智能制造技术等战略性新兴产业布局。哈工大卫星制造科技成果转化的平台公司工大卫星基于 SatWare 柔性化卫星技术平台核心技术,形成了覆盖 500kg 以下通信、导航、遥感卫星批量化设计制造和在轨交付的卫星平台产品。兰州科技大市场积极促成“碳离子治疗系统相关专利技术实施许可及技术推广”“连续流反应器合成丙烯酸树脂”“湿陷性黄土高填方回填质量控制及沉降预测研究”等 130 项科技成果转移转化,转化金额 9951.84 万元。河北省建成冰天雪地孵化器等国家级冰雪特色科技孵化平台,借助冬奥契机促进冰雪运动和冰雪产业与科技双创深度融合。

创业带动就业,服务社会民生。2021 年,全国孵化器带动就业人数接近 500 万人,其中应届大学毕业生创业就业达 50 万人,为稳就业保民生提供重要保障。重庆市打出稳就业“组合拳”,通过“重庆大学生创业启航计划”“青锋计划”“老兵招聘月活动”“科技创新巾帼建功行动”等活动引导大学生、青年人才、退役军人、妇女等重点群体就业创业。

强化金融支持，拓宽融资渠道。通过科技双创孵化载体的引导，使民营资本、社会资本投入创新创业中，有效缓解了初创企业和创业团队融资难、融资贵问题。2021年，孵化器内获得投融资的企业数量超过1.6万家，同比增长16.1%；当年获得投融资总额达到1226.5亿元，同比增长56.0%。北京四板市场设立国内区域股权市场首个针对孵化器企业的板块“科创孵化板”，首批合作孵化器18家，挂牌企业60家。深圳高新区创投广场引进专业风险投资基金、券商投行部和非上市业务部、产权交易所、评估、会计、律师事务所等中介机构入驻，为高新技术企业提供服务，管理资金592亿元，风险投资318家，辅导企业上市487家，入驻机构投资金额172亿元，形成了显著的“聚集效应”和完整的“投融资服务链”，为处于不同成长阶段的中小微科技企业提供“多层次、立体化、全过程”融资服务。

破解区域发展不平衡问题，补齐欠发达地区短板。科技创业孵化载体在东北振兴、西部大开发、中部崛起、乡村振兴等国家战略中发挥积极作用，促进先进地区和欠发达地区科技创新创业均衡发展，解决科技创新创业在空间上不平衡、不充分问题。吉林省摆渡创新工场是东北地区首家新型双创服务企业，深度绑定众创空间和创业企业，实现空间与企业的共同可持续发展。李克强总理在视察摆渡创新工场时，给予“把更多创客‘摆渡’到成功彼岸”的勉励。新疆持续实施“天山众创行动”，积极对接引进先进地区的创业孵化服务机构、创业孵化理念和模式，在本地载体做大做强与内地品牌孵化载体的引进布局双重驱动下，涌现出一批特色突出的孵化服务品牌。内蒙古深入实施“科技兴蒙”行动，促进内蒙古承接更多的“科技兴蒙”合作主体资源，探索“双向飞地”“异地孵化”等跨区域科技双创合作新模式。

二、众创空间

2015年以来，国务院出台了推动大众创业万众创新系列文件，促进众创空间等创新创业载体高质量发展。为深入贯彻落实国务院的指示要求，在相关部门的大力支持和科技部的全力推进下，众创空间发展规模持续壮大，成为低成本、便利化、全要素、开放式的重要双创平台。截至目前，全国各类科技创业孵化载体总数超过1.4万家，形成了覆盖全国95%的县级以上地区科技型创新创业载体网络，其中众创空间超过8500家，在孵化创业、加速创新、带动就业、吸引资本等方面发挥重要作用并取得积极成效。

培育大量优秀双创企业。截至2021年底，众创空间总面积超过3735万平方米，提供创业工位数超过150万个，当年服务的创业团队和初创企业超过45.4万个。2015年以来，众创空间内年均新注册双创企业超过8万家，培育了商汤科技、旷视科技、拼多多、寒武纪、地平线、极米科技等一大批优秀上市或独角兽企业。

不断提升服务创新能力。众创空间高度重视提升在孵企业和团队的技术创新能力。2021年，众创空间内获得技术支撑服务的团队和企业数量9.2万家，同比增长3.7%，常驻企业和团队拥有有效知识产权49.3万件，同比增长17.4%；拥有有效发明专利7.6万件，同比增长14%，为科技自立自强和新动能培育提供有效支撑。

创业带动就业效果显著。面对新冠肺炎疫情影响和近年来严峻的就业形势，众创空间逐渐成为高学历人才创业就业的"稳定器"。2021年，众创空间内创业就业人数达到199万人，较2020年提高2个百分点。其中大学生创业、留学归国人员创业、科技人员创业、大企业高管离职创业、外籍人士创业等团队和企业数量共计25.0万个，吸引应届大学毕业生就业人数达25.9万人。

促进金融与科技深度融合。一方面，众创空间形成了直接投资、引入社会资本投资、以服务换股权等多种投资模式。2021 年众创空间帮助 2.1 万余个创业团队和企业获得投融资，总额超过 897.9 亿元。另一方面，优质的众创空间容易受到资本青睐，创业黑马、36氪、优客工场等优秀众创空间近几年陆续成功上市。资本的深度参与不仅促进了众创空间的发展，同时推动其为创业企业提供更加优质的服务，仅优客工场和创业黑马近年来以“投资+孵化”模式培育的独角兽或上市企业就超过 30 家。

三、专业化众创空间

贯彻落实《国务院办公厅关于加快众创空间发展服务实体经济转型升级的指导意见》精神，坚持发挥市场配置资源的决定性作用、坚持科技创新的引领作用、坚持服务和支撑实体经济发展的原则，把双创机制和实体经济有机嫁接，推进创新链和产业链深度融合，推动众创空间专业化发展。截至 2021 年底，分三批高标准备案了 73 家国家专业化众创空间，成为推动建设主体变革发展、驱动产业向高端跃升、加速培育新动能、打造“双创”升级版的重要载体。

激发创新创业活力。专业化众创空间作为企业和高校院所开展创新创业的重要平台，秉承新技术和新产品研发应用的使命，创客团队及其创业项目立足当前基础，面向新需求、面向智能化、面向未来推动业务提档升级、推动科研成果转移转化，高水平创业企业不断涌现。科研人员、工程师参与创新创业创造的积极性空前高涨，成为科技型人才携带研究成果、技术经验进行创业的重要平台。

精准创业投资目标。专业化众创空间是优质“筛选器”，具备准确判断创业项目技术价值和市场价值的能力，高质量创业项目加上专业的创业服务和产业支撑，使创业成功率较一般的孵化平台大幅提高，为创投基金提供了优质的种子项目，也提升了社会资本投资精准度。

辐射区域产业发展。专业化众创空间持续输出新技术、新企业、新模式，对区域产业创新能力提升和产业集群构建发挥了积极作用。大数据、人工智能等新一代信息技术在创业项目中的探索应用，也为传统产业转型升级提供了解决方案的样板。

四、国家大学科技园

国家大学科技园是国家创新体系的重要组成部分，是促进融通创新的重要平台、构建双创生态的重要阵地、培育经济发展新动能的重要载体。大学科技园从1991年起步探索、1999年开展建设试点、2001年开始首批认定，经过近30年建设发展，规模日渐扩大、模式不断创新、作用逐步显现，2021年新认定24家国家大学科技园为第十一批国家大学科技园，并对前批次115家国家大学科技园开展绩效评价工作，对其发展现状、成效、问题建议等进行了全面的梳理和总结。截至目前，国家大学科技园总数达139家，覆盖了全国除西藏自治区以外的省、自治区、直辖市、计划单列市及新疆生产建设兵团。

经过近三十年的探索和发展，国家大学科技园充分依托高校优势，不断强化核心功能，在推动大众创业万众创新、促进科技与经济融合发展、教育与科技深度融通等方面取得了积极显著的成效。一是不断优化科技资源集成模式，依托高校优势科技资源，聚焦特色领域，搭建高水平创新平台，促进科技创新资源的高效利用。二是积极落实高校科技成果转化政策，完善科技成果转移转化服务体系。2021年，科技园在孵企业共申请专利17973件，其中发明专利6169件，专利授权15375件，其中发明专利授权4691件，在园企业成功转化转移科技成果4165项。三是大力打造科技创业全链条孵化载体。2021年，科技园在孵企业10844家，其中科技型中小企业2644家，高新技术企业1443家。四是将双创教育全方位融入学校人才培养体系。2021年，共计5049位创业导师开展双创辅导，4197家高校师生创办的企业进入科技园孵化。五是不断增强与区域产业集群的互动,积极促进区域科技与经济融通发展。截至2021年底,园区在孵企业共有从业人员12.5万人,上交税费175.1亿元,2021年接纳1.3万应届高校毕业生就业。

第二节　企业创新创业平台

中小企业创新创业平台在保护市场主体、提振市场信心、服务中小微企业等方面发挥了积极作用。同时,大企业创新创业平台发挥引领带动作用,进一步促进大中小企业融通发展,激发市场活力。

一、中小企业创新创业平台服务能力不断提升

中小企业公共服务平台建设取得积极进展。国家和省级中小企业公共服务示范平台带动和引导各类主体兴办市场化、专业化中小企业服务机构,创新服务产品,提升服务能力,向中小企业提供信息、技术、创业、融资、培训等各类服务,为各类主体创新创业提供有效支撑。2021年工业和信息化部培育国家中小企业公共服务示范平台292家,累计培育国家中小企业公共服务示范平台703家,引导带动各地培育省级示范平台3800多家。2021年国家中小企业公共服务示范平台共开展服务活动3万多场(次),服务中小企业5700多万家(次)。

创新创业特色载体和基地建设取得新成效。2021年工业和信息化部新培育168家国家小型微型企业创新创业示范基地,引导带动各地共培育省级示范基地2600多家,入驻小微企业21万多家,不断优化中小企业创新创业环境,为中小企业创新创业提供有力支撑。深入实施《关于支持打造特色载体推动中小企业创新创业

升级实施方案》，组织对第三批 21 家打造大中小企业融通型和专业资本集聚型特色载体开展工作实施成效评估，提升特色载体的市场化、专业化服务水平，推动地方构建各具特色的区域创新创业生态环境。

“科创中国”平台展现新作为。汇聚创新创业要素，通过“线上智能匹配+线下深度对接”的服务布局，广泛开展技术服务与交易，推动技术问题解决和科技成果转化。截至 2021 年底，平台上个人用户已达 1100 多万，机构用户近 10 万，汇聚企业需求、技术成果等资源超过 143 万项，建成纵横联动的 130 余个协作站体系，举办 150 场技术路演活动，促进成果和需求有效对接。调动全国学会和地方科协“一体两翼”资源，67 家全国学会、31 个省级科协、300 多家高校院所以及专业服务机构，组建 130 支“科创中国”科技服务团，动员 10000 余名院士专家，开展关键技术攻关、专业人才培训、团体标准推广等八大类组合式服务，为基层近 4000 家企业解难题、促升级。

二、大企业创新创业平台引领带动作用不断增强

双创平台推动“双创”资源汇聚和共享。工业和信息化部打造“综合型、特色型、专业型”工业互联网平台体系，全国具有一定行业和区域影响力的较大型平台约 150 家，连接工业设备数量达 7800 万台（套），国内工业 APP 总量突破 59 万个，有效推动工业机理和经验加速沉淀，已成为赋能双创和行业转型升级的重要驱动。围绕两化融合管理体系贯标、特色专业型工业互联网平台、工业信息安全能力提升、中德智能制造合作等方向，遴选了 193 个有实际成效、有推广空间的新一代信息技术与制造业融合发展试点示范项目。在南京、天津、深圳等十多个地区成功举办工业互联网平台赋能深度行系列活动。推动两化融合公共服务平台、新一代信息技术与制造业融合发展公共服务平台等“双创”平台建设，2021 年重点行业骨

干企业“双创”平台普及率超过86%，工业电子商务普及率达到62.5%。

充分发挥央企在创新创业创造中引领带动作用。一是坚持以大赛强导向，央企双创品牌效应有力彰显。第三届熠星大赛于2021年10月圆满结束，本届大赛开设了中央企业出题、面向社会“揭榜挂帅”的需求专项赛，增设北斗智能时空、医疗器械与设备两条新赛道，首次实行技术、金融双导师制，共吸引来自76家中央企业、49家高校院所和566个创客团体的3340个项目、2.3万人参赛，催生专利1.3万余项，吸引近500个投资机构和200多家知名企业参会对接，促成120多个投资意向，形成对全社会创新创业要素资源的强大引力场。二是坚持以平台汇资源，央企双创途径方式有力拓展。充分发挥央企在人才、设备、资金等多方面优势，积极打造开放式、协同式双创平台载体。目前，中央企业拥有16个国家级双创示范基地，覆盖航天航空、高端制造、能源电力、信息通信等行业领域；建设83个线上双创平台，注册用户近2000万，打造217个线下专业孵化器和科技产业园区，入驻企业和创业团队2.6万余个，有效促进大中小企业协同、体系化融通创新。三是坚持以创业带就业，积极履行社会责任。通过“国聘行动”集中发布招聘需求，共招聘2021届高校毕业生29万人；累计通过孵化器、产业园等带动中小微企业吸纳就业29.5万人；开展法律、财税、融资等创新创业培训8000余场，创业带动就业的“倍增效应”和各类群体的就业空间不断放大。

第三节　创新创业教育和辅导培训

以产教融合为导向的创新创业教育体系正在不断完善，通过众创空间、创新创业大赛等平台载体为优秀人才脱颖而出提供舞台。

职业技能培训体系不断健全。

一、开展以创业孵化平台为载体的教育培训

2021年，孵化器内共有8.7万名创业导师，创业导师对接企业数量达到22.2万个，同比增长11.5%；当年开展创新创业活动11.2万次，同比增长7%。众创空间共有16.3万名创业导师，全年举办创新创业活动13.7万次，同比增长5.1%；开展创业教育培训10.2万场，同比增长4.1%。

二、深化大学生创新创业教育改革

推动各地各高校深入推进创新创业教育改革，在课程、师资、实践、平台建设等各环节取得了显著成效。目前，全国高校普遍开设创新创业教育课程，其中专门课程3万余门、在线开放课程1.1万余门，聘请17.4万名行业优秀人才担任创新创业专兼职教师，超过1000所高校的139万名大学生参加"国家级大学生创新创业训练计划"。

各高校普遍成立双创工作领导小组，将创新创业教育纳入学校教育发展规划，全面融入人才培养体系，及时修订人才培养方案，大力支持学生开展多维度、多类型的创新创业交流活动，每年举办创新创业沙龙、创业大讲堂等各类创新创业讲座、论坛3万余场，举办学生创新创业训练营、项目路演等各类创新创业活动2万余场，不断提升大学生创新精神、创业意识和创新创业能力。

教育部创新创业教育指导委员会编写出版《中国国际"互联网+"大学生创新创业大赛——创新创业教学案例集》，系统梳理历届"互联网+"大赛获奖项目，转化为教学案例，助推大赛反哺教育功能。编制出版《新时代中国高校创新创业教育发展报告》，系统总结梳理深化创新创业教育改革示范校阶段性成果与典型经验。

三、实施职业技能提升行动方案

深入贯彻落实《职业技能提升行动方案（2019—2021年）》等文件精神，提升劳动者就业创业能力，促进劳动者成功创业、稳定和扩大就业。实施创业培训“马兰花计划”，2021年开展讲师培训470余期，培训讲师12000余人。马兰花项目一线师资累计近6万人，充分展现“马兰花计划”对促双创、稳就业的积极作用。完善政府引导、社会参与、创业者自主选择的创业培训工作机制，发展一批更高水平、更具影响力的创业培训示范基地，培育一支覆盖各类培训课程的创业培训师资队伍，扩大创业培训规模，提升创业培训质量。

四、增强公共就业服务平台创业服务功能

加快服务信息化、标准化建设，向创业者就近提供一站式便捷服务，全年提供公共创业服务480万人次。加强创业孵化基地、返乡创业园等创业载体建设，集聚服务资源，向创业者提供低成本、全要素、便利化服务。人社部门认定、管理、扶持的创业载体总数超过8800家。继续开展全国创业孵化示范基地复评和认定工作，新认定第五批全国创业孵化示范基地62家，总数达182家。

第三章　创业融资

2021年，我国创业融资高质量发展取得积极成效，顺利实现“十四五”良好开局。政府引导基金加强存量优化，政府性融资担保体系撬动更多担保资金，早期投资、创业投资出现全面回暖，资本市场改革持续向纵深推进，非股权融资领域多措并举引导更多金融资源支持创新创业。

第一节　政府引导基金和政府性融资担保机构

2021年，政府引导基金正式进入“精耕细作”与“存量优化”新阶段。截至2021年底，全国已设立1988支政府引导基金[①]，总目标规模12.45万亿元，认缴资金规模6.16万亿元（见图3-1）。政府性融资担保体系逐步完善制度政策框架，不断推出新模式、新产品和新服务，进一步发挥担保资金“放大器”功能，更好支持双创等小微企业发展。

一、政府引导基金已逐步迈入存量优化阶段

2021年，政府引导基金新设数量115支，其中包括1支国家级政

① 此处统计仅包含以母基金和直投基金形式存在的政府引导基金，不包含子基金。本报告对政府引导基金历史数据进行了调整。

府引导基金"中国国有企业结构调整基金二期",20 支省级政府引导基金,94 支地市、区县级政府引导基金。这反映出我国已基本构建起全方位、多层次的政府引导基金体系,而各地开始加强对存量基金的统筹管理和优化整合,进一步提升财政资金利用效率、更好促进产业发展和转型升级,以真正实现政府引导基金的高质量发展。一方面,新设立的政府引导基金紧密围绕国家战略,加大对高端制造、生物医药、新能源等战略性新兴产业的支持力度。在"双碳"战略下,宁夏、山东等地的多支省级绿色产业领域的政府引导基金纷纷设立;2021 年,新设立创投类政府引导基金的认缴规模达 214.02 亿元,同比增长 72.4%。另一方面,各地越来越重视存量政府引导基金的投资运作效率和产业扶持效果。各级政府开始优化整合存量政府引导基金,适当改进原有基金架构。比如,放宽子基金的返投比例要求、加强对创投类子基金的支持、统筹管理多支基金运作等。

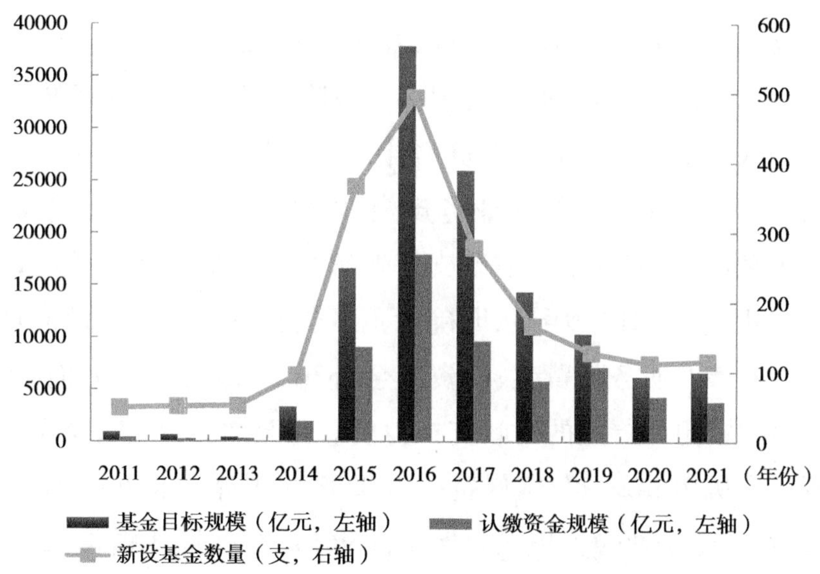

图 3-1　2011—2021 年我国政府引导基金设立和募资情况

资料来源:清科研究中心,以下同。

专栏3-1　国家级创新创业引导基金有序运营

国家新兴产业创业投资引导基金围绕支持新兴产业发展，统筹兼顾政策目标和市场原则，通过参股创投基金等方式，破解新兴产业领域早中期、初创期创新型企业融资难题。截至2021年底，共有501支市场化的创业投资基金通过引导基金投资决策委员会审议，带动募资规模超过2800亿元，已累计支持7102家新兴产业领域的创新型企业。

国家中小企业发展基金有限公司（以下简称“母基金”）发挥财政资金的牵引作用，吸引带动社会资本共同扩大对中小企业的股权投资规模，促进中小企业创新发展。母基金主要通过投资设立和参股子基金等方式，重点解决创新型中小企业的中长期股权融资问题，服务实体经济，促进中小企业创新发展。截至2021年底，设立子基金总数已达20支，累计规模近600亿元，累计完成投资项目687个。

国家科技成果转化引导基金带动社会资金支持科技成果转化，重点支持处于种子期、初创期、成长期的科技型中小微企业。截至2021年底，引导基金已批准设立36支子基金，总规模超过600亿元，带动社会资本同步投资超过800亿元，累计投资536家科技型企业。

二、政府性融资担保体系撬动更多资金流向双创领域

2021年，政府性融资担保体系自上而下地持续撬动更多担保资金，引导信贷资源支持双创等小微企业发展。多部门共同推动各地完善政府性融资担保体系建设，并加大财政支持力度。一是印发《关于继续实施小微企业融资担保业务降费奖补政策的通知》（财建〔2021〕106号），继续实施降费奖补政策，引导地方支持扩大实体经济领域小微企业融资担保业务规模，降低小微企业融资担保成本。二是印发《关于实施中央财政支持普惠金融发展示范区奖补政策的通知》（财金〔2021〕96号），明确示范区奖补资金可用于政府性融资担保机构涉农业务降费奖补、资本金补充、风险补偿等方面，进一步增加对融资担保行业的财政支持力度。截至2021年底，全国政府性融资担保机构1428家，担保费率为0.83%，基本保持在1%以下。其中，涉及小微企业融资担保直保余额9414亿元，同比增长33%；涉及农户及新型农业经营主体融资担保直保余额4448亿元，同比增长39%。

国家融资担保基金持续发挥支持融资担保体系发展的重要作

用,不断加大对各地再担保业务的支持力度。截至 2021 年底,国家融资担保基金累计完成再担保合作业务 14631.53 亿元,服务各类市场主体 118.10 万户。2021 年,国家融资担保基金新增再担保合作业务 7542 亿元、担保户数 72 万户,同比分别增长 79%、165%。其中,支小支农再担保合作业务规模达 7449.76 亿元,单户 500 万元及以下支小支农业务规模达到 4570.01 亿元,占总规模比重分别为 98.78%、60.59%,较国家政策要求分别高出 18.78、10.59 个百分点。

第二节　早期投资

2021 年,早期投资①市场实现跨越式发展,募资和投资规模均创历史新高,要素资源加速向科技创新领域集聚,京沪深三地继续成为早期投资项目培育孵化主要来源。

一、基金募资环境明显改善,募资结构出现分化

2021 年,全国早期投资机构募资明显回升,新募集 149 支基金,同比上升 112.9%;披露募集金额为 273.9 亿元,同比上升 109.9%,基金募集数量和金额均创出近十年新高。其中,募资规模 1 亿元以下的基金共有 71 支,占新募集基金数的 47.7%,而募集规模仅占募集总金额的 10.2%。此外,新募集 24 支外币基金,披露募集金额达 112.47 亿元,同比上升 206.8%,是推动整体募资金额上升的重要因素。

---

① 早期投资是指投资机构或天使投资个人专注于种子期和起步期企业的股权投资。

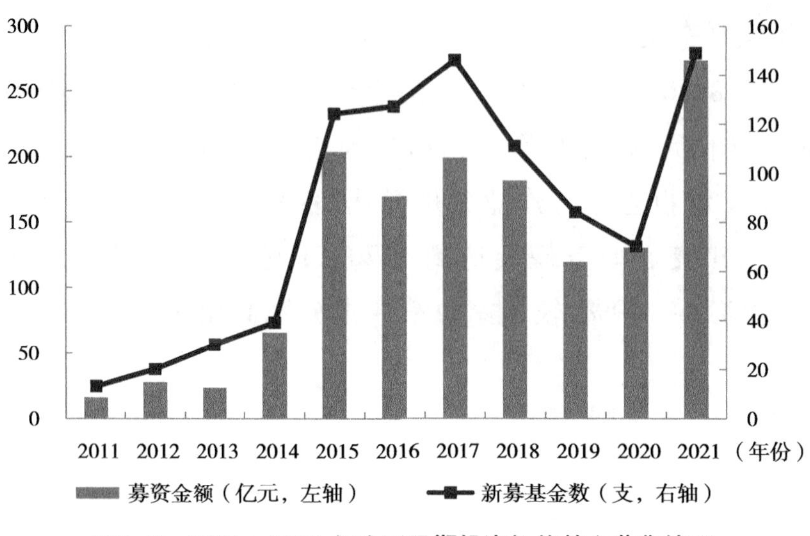

图 3-2　2011—2021 年我国早期投资机构基金募集情况

二、早期投资空前活跃，生物医疗成为热门行业

2021 年，国内早期投资市场空前活跃，投资金额大幅上升。全国共发生 1857 起早期投资案例，同比增长 72.6%；披露投资金额为 229.47 亿元，同比上升 86.4%；平均投资金额为 1327.21 万元，同比上涨 6.3%（见图 3-3）。

早期投资加大布局科技创新行业。2021 年，信息技术行业继续领跑，投资案例数和金额占比均超过 30%。受医药需求放大、行业技术创新加快等因素推动，生物技术/医疗健康行业投资活跃度跃升至第二位。互联网行业投资热度有所降温，排名由上年第二位降至第三位，投资案例数和金额占比较上年分别下降 10.6 个百分点、11.7 个百分点。此外，随着践行“双碳”目标和新能源扶持政策的持续推进，清洁技术、汽车等行业投资不断升温，投资案例数和金额均出现同比 100%以上的爆发式增长（见表 3-1）。

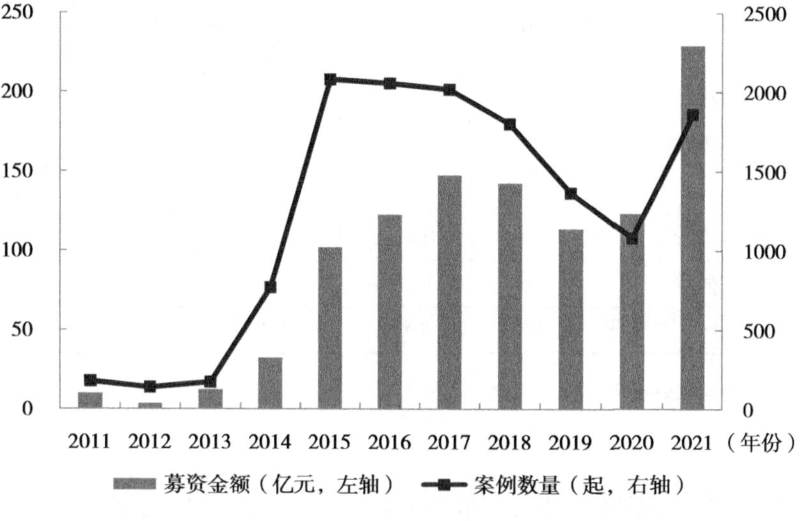

图 3-3 2011—2021 年我国早期投资市场投资情况

表 3-1 2021 年我国早期投资行业分布情况

行 业	案例数（起）	比例	披露金额的案例数（起）	投资金额（亿元）	比例
信息技术	581	31.29%	552	78.81	34.34%
生物技术/医疗健康	246	13.25%	230	31.46	13.71%
互联网	210	11.31%	186	20.99	9.15%
半导体及电子设备	188	10.12%	173	20.36	8.87%
连锁及零售	125	6.73%	116	14.51	6.32%
食品/饮料	104	5.60%	95	8.06	3.51%
机械制造	82	4.42%	79	14.72	6.41%
清洁技术	49	2.64%	44	5.63	2.45%
化工原料及加工	43	2.32%	41	5.88	2.56%
娱乐传媒	41	2.21%	39	4.34	1.89%
教育与培训	34	1.83%	32	2.97	1.29%
金融	34	1.83%	29	4.65	2.03%
汽车	23	1.24%	21	1.96	0.85%
物流	16	0.86%	15	4.77	2.08%
电信及增值业务	12	0.65%	12	1.49	0.65%

续表

行　业	案例数（起）	比例	披露金额的案例数（起）	投资金额（亿元）	比例
纺织及服装	11	0. 59%	9	0. 43	0. 19%
建筑/工程	7	0. 38%	6	0. 33	0. 15%
房地产	5	0. 27%	5	0. 73	0. 32%
能源及矿产	1	0. 05%	1	0. 03	0. 01%
其他	24	1. 29%	23	4. 63	2. 02%
合计	1857	100%	1729	229. 47	100%

资料来源：清科研究中心，以下同。

三、投资集中于京沪深三地，上海增长势头迅猛

2021 年，早期投资市场活跃度排名前三位的地区仍然是北京、上海、深圳，三地投资案例数和金额占比均为 60%左右（见表 3-2）。其中，北京继续保持领先地位，共发生 442 起投资案例，涉及金额为 64. 19 亿元。受当地政策扶持、人才吸引、产业基础培育等有利因素驱动，上海早期投资增长迅速，共发生 392 起投资案例，同比上升 89. 4%；投资金额为 47. 07 亿元，同比上升 115. 5%。深圳以 266 起投资案例和 34. 08 亿元投资金额，位居第三。

表 3-2　2021 年我国早期投资地域分布情况

地　域	案例数（起）	比例	披露金额的案例数（起）	投资金额（亿元）	比例
北京	442	23. 80%	411	64. 19	27. 97%
上海	392	21. 11%	367	47. 07	20. 51%
深圳	266	14. 32%	248	34. 08	14. 85%
浙江	203	10. 93%	191	22. 78	9. 93%
江苏	185	9. 96%	174	19. 55	8. 52%
广东（除深圳）	82	4. 42%	77	9. 78	4. 26%
安徽	41	2. 21%	39	4. 76	2. 07%

续表

地　域	案例数（起）	比例	披露金额的案例数（起）	投资金额（亿元）	比例
四川	38	2.05%	36	2.91	1.27%
山东	32	1.72%	30	5.42	2.36%
福建	28	1.51%	26	3.47	1.51%
湖南	23	1.24%	22	3.99	1.74%
陕西	20	1.08%	19	2.08	0.91%
湖北	18	0.97%	14	1.12	0.49%
天津	17	0.92%	16	1.07	0.47%
江西	9	0.48%	9	1.59	0.69%
河南	9	0.48%	7	1.16	0.50%
重庆	8	0.43%	7	0.80	0.35%
贵州	6	0.32%	5	1.06	0.46%
海南	5	0.27%	4	0.31	0.13%
辽宁	3	0.16%	1	0.02	0.01%
山西	2	0.11%	2	0.16	0.07%
云南	2	0.11%	2	0.15	0.07%
甘肃	1	0.05%	1	0.30	0.13%
广西	1	0.05%	1	0.25	0.11%
黑龙江	1	0.05%	1	0.20	0.09%
西藏	1	0.05%	1	0.07	0.03%
吉林	1	0.05%	1	0.05	0.02%
河北	1	0.05%	1	0.01	0.00%
其他	12	0.65%	9	0.46	0.20%
合计	1857	100%	1729	229.47	100%

第三节　创业投资

2021 年，我国创业投资市场全面回暖，“募投管退”各环节表现亮眼。在经受了复杂严峻的国际环境和国内疫情散发等多重考验后，创业投资市场再度开启新一轮热潮，以信息技术、医疗健康、半导体为代表的高科技行业成为热门赛道，投资阶段集中于科创企业的扩张期。随着国内资本市场改革向纵深推进，投资退出渠道日益畅通，退出项目数量持续创出新高。

一、创投机构管理资本量超 2 万亿元

2021 年，创业投资市场新参与主体稳步增加，全年新完成登记的私募股权、创业投资基金管理人数量达 757 家。截至 2021 年底，在中国证券投资基金业协会登记的私募股权、创业投资基金管理机构总数约 1. 5 万家，存续的私募股权、创业投资基金合计 4. 53 万支，管理规模 13. 14 万亿元，较上年新增 1. 58 万亿元，同比增长 13. 7%。其中，存续的创业投资基金 1. 45 万支，管理规模 2. 37 万亿元，较上年新增 0. 68 万亿元，同比增长 40. 23%。

二、新募集的基金数量和金额双双实现翻倍式增长

2021 年，创业投资市场募资环境显著改善，新募集的基金数量和金额比上年双双实现翻倍式增长。全年，创业投资市场新募集 1669 支基金，同比上升 106. 6%；披露募资规模的基金新增募集金额为 5346. 8 亿元，同比上升 119. 4%（见图 3-4）。

随着创业投资市场大幅扩容，募资结构呈现两极分化趋势。一方面，大型基金纷纷设立，其中规模 50 亿元以上的新募基金有 17 支，募集金额达 1075. 5 亿元，占新增募集总金额的比重高达 20. 1%。另一方面，八成以上的新募基金规模在 10 亿元以下，其中有半数新募基金规模不足 1 亿元。从募集币种看，人民币基金的平均募资规模为 2. 6 亿元，同比上升 22. 0%；外币基金的平均募资规模为 15. 1 亿元，同比下降 42. 8%。

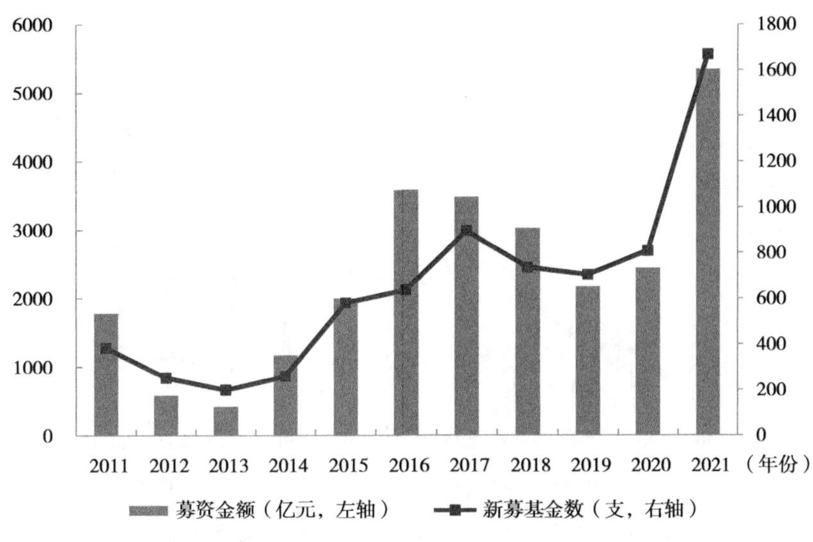

图 3-4 2011—2021 年我国创业投资机构的募集情况

三、投资数量和金额均创历史新高

2021 年，创业投资市场投资活跃度显著提升，投资案例数和投资规模均创历史新高。全年，创业投资市场共发生 5208 起投资案例，同比上升 65.1%；其中披露投资金额的投资交易达到 3710.9 亿元，同比上升 90%；平均投资规模升至 7558 万元，创出历史最高水平（见图 3-5）。发生多起大额投资案例是投资规模实现大幅增长的主要原因。比如，新能源行业的蜂巢能源、华电福新能源等投资案例，物流行业的极兔速递、顺丰控股、京东物流等投资案例。

四、信息技术、医疗健康和半导体领域的投资热度持续升高

2021 年，创业投资市场延续上年热门投资赛道，信息技术、生物技术/医疗健康、半导体及电子设备领域是最受创投机构青睐的行业。从投资案例数看，信息技术行业位居首位，投资案例数 1357 起，占比 26.1%；生物技术/医疗健康和半导体及电子设备行业分别以 1225 起、815 起的投资案例数位于第二和第三。从投资金额看，生物

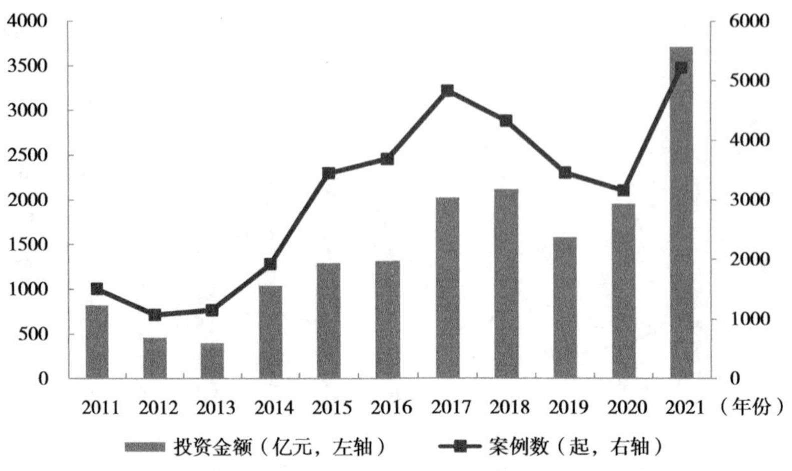

图 3-5　2011—2021 年我国创业投资市场的投资情况

技术/医疗健康以 927.68 亿元继续排名首位；其次是信息技术、半导体及电子设备，投资金额分别为 709.16 亿元和 588.34 亿元（见表 3-3）。

表 3-3　2021 年我国创业投资行业分布情况

行　业	案例数（起）	比例	披露金额的案例数（起）	投资金额（亿元）	比例	平均投资额（亿元）
信息技术	1357	26.1%	1275	709.16	19.1%	0.56
生物技术/医疗健康	1225	23.5%	1183	927.68	25.0%	0.78
半导体及电子设备	815	15.6%	761	588.34	15.9%	0.77
互联网	441	8.5%	408	477.94	12.9%	1.17
机械制造	270	5.2%	257	164.17	4.4%	0.64
连锁及零售	187	3.6%	175	141.17	3.8%	0.81
化工原料及加工	161	3.1%	151	80.48	2.2%	0.53
食品/饮料	131	2.5%	121	59.02	1.6%	0.49
清洁技术	122	2.3%	115	111.81	3.0%	0.97
金融	89	1.7%	77	71.38	1.9%	0.93
汽车	72	1.4%	66	99.36	2.7%	1.51
电信及增值业务	66	1.3%	63	35.44	1.0%	0.56

续表

行　业	案例数（起）	比例	披露金额的案例数（起）	投资金额（亿元）	比例	平均投资额（亿元）
娱乐传媒	54	1.0%	52	25.52	0.7%	0.49
物流	39	0.7%	36	131.16	3.5%	3.64
教育与培训	26	0.5%	24	12.30	0.3%	0.51
建筑/工程	22	0.4%	21	7.38	0.2%	0.35
能源及矿产	21	0.4%	19	13.79	0.4%	0.73
纺织及服装	13	0.2%	13	8.15	0.2%	0.63
农/林/牧/渔	10	0.2%	10	8.26	0.2%	0.83
房地产	6	0.1%	5	2.46	0.1%	0.49
广播电视及数字电视	3	0.1%	3	1.66	0.0%	0.55
其他	56	1.1%	53	30.22	0.8%	0.57
合计	5208	100%	4910	3710.91	100%	0.76

五、投资阶段集中于扩张期

2021年，投资阶段集中在科创企业的扩张期，投资案例数为2573起，占比为49.4%，比上年增加1.8个百分点；投资金额为1984.99亿元，占比为53.5%，比上年增加2.5个百分点。与此同时，初创期的投资案例数和金额占比均出现下降，分别从上年的24%、21%降至22.4%、19.2%。此外，各阶段平均投资额有不同程度增加，共同拉动整体的平均投资额从上年的0.67亿元增至0.76亿元（见表3-4）。

表3-4　2021年我国创业投资阶段分布情况

投资阶段	案例数（起）	比例	披露金额的案例数（起）	投资金额（亿元）	比例	平均投资额（亿元）
种子期	724	13.9%	692	306.17	8.3%	0.44
初创期	1168	22.4%	1106	711.86	19.2%	0.64
扩张期	2573	49.4%	2415	1984.99	53.5%	0.82

续表

投资阶段	案例数（起）	比例	披露金额的案例数（起）	投资金额（亿元）	比例	平均投资额（亿元）
成熟期	714	13.7%	671	691.69	18.6%	1.03
合计	5208	100%	4910	3710.91	100%	0.76

六、上海成为投资最活跃的省份

2021年，创业投资集中于上海、北京、江苏、深圳、浙江等东部沿海省市，合计占比接近80%（见表3-5）。其中，上海得益于生物技术产业优势和良好营商环境，投资案例数和投资金额均位居全国第一，且成为投资案例数超过1000起、投资金额800亿元以上的唯一省级行政区。北京依托于信息技术和互联网产业排名第二，投资案例数和投资金额分别为994起、709.04亿元。继上年首次位列第三位后，江苏仍维持较高投资热度。在产业转型升级和创投扶持政策的持续推动下，江苏的投资案例数和投资金额居于全国第三，且分别比上年增长58.1%和111.8%。

表3-5　2021年我国创业投资地域分布情况

地　域	案例数（起）	比例	披露金额的案例数（起）	投资金额（亿元）	比例	平均投资额（亿元）
上海	1015	19.5%	966	811.08	21.9%	0.84
北京	994	19.1%	932	709.04	19.1%	0.76
江苏	786	15.1%	749	540.01	14.6%	0.72
深圳	736	14.1%	694	433.87	11.7%	0.63
浙江	555	10.7%	523	336.49	9.1%	0.64
广东（除深圳）	298	5.7%	274	252.62	6.8%	0.92
四川	107	2.1%	104	51.17	1.4%	0.49
湖北	107	2.1%	102	58.17	1.6%	0.57
福建	83	1.6%	77	46.21	1.2%	0.60
山东	81	1.6%	79	49.67	1.3%	0.63

续表

地　域	案例数（起）	比例	披露金额的案例数（起）	投资金额（亿元）	比例	平均投资额（亿元）
安徽	76	1.5%	71	31.91	0.9%	0.45
湖南	60	1.2%	53	149.86	4.0%	2.83
陕西	58	1.1%	55	26.99	0.7%	0.49
天津	44	0.8%	43	31.29	0.8%	0.73
河南	34	0.7%	33	46.24	1.2%	1.40
重庆	29	0.6%	25	12.66	0.3%	0.51
江西	20	0.4%	20	8.29	0.2%	0.41
辽宁	14	0.3%	13	10.81	0.3%	0.83
河北	10	0.2%	9	7.70	0.2%	0.86
贵州	10	0.2%	8	5.25	0.1%	0.66
海南	9	0.2%	8	1.34	0.0%	0.17
内蒙古	7	0.1%	7	16.92	0.5%	2.42
吉林	6	0.1%	6	4.26	0.1%	0.71
广西	6	0.1%	4	2.37	0.1%	0.59
宁夏	5	0.1%	5	1.13	0.0%	0.23
云南	5	0.1%	5	6.67	0.2%	1.33
黑龙江	5	0.1%	5	18.41	0.5%	3.68
山西	3	0.1%	3	0.67	0.0%	0.22
新疆	3	0.1%	2	0.12	0.0%	0.06
甘肃	2	0.0%	2	2.90	0.1%	1.45
青海	1	0.0%	1	2.50	0.1%	2.50
其他	36	0.7%	31	33.98	0.9%	2.24
总计	5208	100.0%	4910	3710.91	100.0%	0.76

七、创业投资基金为实体经济新增股权资本超 8000 亿元

证监会数据显示，截至 2021 年底，创业投资基金（含私募股权基金）累计投资于境内未上市未挂牌企业股权、新三板企业股权和再融资项目数量达 16.87 万个，为实体经济形成股权资本金 10.05 万亿元。2021 年，创业投资基金（含私募股权基金）新增投资境内未上市未挂

牌企业股权 8338 亿元，相当于同期新增社会融资规模的 2.7%。

第四节　资本市场融资

2021 年，我国全面深化资本市场改革向纵深推进，全面实行股票发行注册制条件逐步具备，设立北京证券交易所，为打造服务创新型中小企业主阵地迈出重要步伐，稳步开展并购重组注册制试点，进一步增强多层次资本市场支持大众创业万众创新的力度。

一、多层次资本市场体系持续畅通双创企业的融资渠道

科创板坚持面向世界科技前沿、面向经济主战场、面向国家重大需求的初衷，积极培育更多具有“硬科技”实力和市场竞争力的创新型企业，支持其上市融资。证监会修订《科创属性评价指引》，完善科创属性评价指标，建立行业负面清单制度，进一步引导企业提高研发投入和提升创新能力。2021 年，科创板首发企业 162 家，合计募集资金 2029 亿元，其平均发明专利数超过 50 项，近 3 年平均研发投入占比为 12%。截至 2021 年底，科创板累计上市 377 家企业，其中有 324 家企业在上市前得到创业投资基金（含私募股权基金）支持，获投比例达 85.9%。

创业板贯彻创新驱动发展战略，服务成长型创新创业企业，支持传统产业与新技术、新产业、新业态、新模式深度融合。2021 年，创业板首发企业 199 家，合计募集资金 1475 亿元。自实施注册制以来，创业板已累计首发企业 262 家，其中有 168 家企业在上市前得到创业投资基金（含私募股权基金）支持，获投比例达 64.1%。

新三板坚持服务创新型、创业型、成长型中小企业，在提升直接融资比重、促进企业成长等方面发挥重要作用，特别是通过设立精选

层,吸引了一批“小而美”的优质中小企业挂牌交易,为进一步深化改革、设立北京证券交易所打下坚实基础。2021 年,新三板挂牌公司累计发行普通股 598 次,融资金额 281 亿元,其中 385 家高新技术企业完成定向发行 405 次,融资金额 139.3 亿元。截至 2021 年底,新三板市场共有挂牌公司 6932 家,总市值 2.28 万亿元,其中中小企业 6500 家、占比 94%,高新技术企业 4676 家、占比 67%。

2021 年 9 月 2 日,习近平总书记在 2021 年中国国际服务贸易交易会全球服务贸易峰会的致辞中宣布,“深化新三板改革,设立北京证券交易所,打造服务创新型中小企业主阵地”。证监会贯彻习近平总书记的重要指示精神,按照党中央、国务院的决策部署,以新三板精选层为基础组建北京证券交易所。11 月 15 日,北京证券交易所正式揭牌开市。自开市以来,融资、交易等市场化制度安排陆续出台,市场运行总体平稳,显著增强新三板活力和吸引力,显著提升服务中小企业能力。截至 2021 年底,北京证券交易所已有 82 家上市公司,其中中小企业 62 家、市值 1329.4 亿元,高新技术企业 75 家、市值 2581.96 亿元。

区域性股权市场是多层次资本市场体系的重要组成部分,也是地方政府扶持中小微企业政策措施的综合运用平台,主要服务于所在省级行政区域内的中小微企业。截至 2021 年底,全国 35 家区域性股权市场共有挂牌公司 3.8 万家,累计实现各类融资 1.66 万亿元,其中 2021 年实现各类融资 2909 亿元;挂牌公司中累计转交易所上市 69 家,转新三板挂牌 737 家。

二、半导体领域的并购交易最为活跃

进入高质量发展阶段,随着国内多个行业内部整合与跨行业合作成为常态,并购交易也日益成为企业外延式发展的重要手段。在国民经济持续恢复发展、国内资本市场深化改革、对特定敏感领域融资并购活动从严监管等多重因素共同作用下，并购市场交易数量和规模分别出现“一增一减”。2021 年，国内与私募股权相关的并购交易共计发生 251 起，同比增长 10.6%；披露金额的并购案例总交易规模为 1687.3 亿元，同比减少 33.7%。

半导体及电子设备成为并购交易最活跃的行业。2021 年，半导体及电子设备行业在并购数量和金额上均排名第一位，共发生 45 起交易案例，占总交易量的 17.9%；涉及并购金额达 521.29 亿元，占总交易金额的 30.9%（见表 3-6）。其中，高瓴资本收购飞利浦家电业务是该领域最大金额的并购交易，拉高了行业整体并购规模。生物技术/医疗健康行业也是并购市场的热点。2021 年，该行业发生并购交易案例 44 起，占比 17.5%；涉及并购金额 135.21 亿元，占总交易金额的 8%。

表 3-6　2021 年我国私募股权相关的并购市场行业分布情况（按被并购方计）

行　业	案例数（起）	比例	披露金额的案例数（起）	投资金额（亿元）	比例
半导体及电子设备	45	17.9%	30	521.29	30.9%
信息技术	45	17.9%	37	30.37	1.8%
生物技术/医疗健康	44	17.5%	35	135.21	8.0%
清洁技术	17	6.8%	16	93.08	5.5%
机械制造	13	5.2%	9	24.80	1.5%
金融	13	5.2%	11	100.60	6.0%
互联网	11	4.4%	5	52.49	3.1%
化工原料及加工	9	3.6%	5	37.08	2.2%
能源及矿产	7	2.8%	7	124.96	7.4%
娱乐传媒	6	2.4%	1	3.89	0.2%
物流	6	2.4%	6	133.42	7.9%
建筑/工程	6	2.4%	5	117.15	6.9%
连锁及零售	6	2.4%	5	115.54	6.8%
房地产	4	1.6%	2	12.35	0.7%
食品/饮料	3	1.2%	2	147.08	8.7%

续表

行　业	案例数（起）	比例	披露金额的案例数（起）	投资金额（亿元）	比例
电信及增值业务	3	1.2%	2	24.43	1.4%
农/林/牧/渔	3	1.2%	2	0.88	0.1%
汽车	2	0.8%	2	0.74	0.0%
其他	6	2.4%	6	11.94	0.7%
总计	251	100%	188	1687.30	100%

2021 年，证监会持续深化并购重组市场化改革，在科创板、创业板（简称“两创”板块）稳步开展并购重组注册制试点，优化并购重组监管制度，支持“两创”板块上市公司通过并购重组做优做强，发挥上市公司引领带动作用，切实推动创新创业公司高质量发展，助力大众创业万众创新。2021 年，“两创”板块上市公司并购重组共 713 次，交易金额 1708.12 亿元。

第五节　非股权融资

2021 年，我国非股权融资领域重点提升双创企业金融服务质效，多措并举引导更多金融资源支持创新创业。金融管理部门支持发行双创金融债券，金融机构运用金融服务新模式支持科技创新，不断提升小微企业融资获得感，为创新创业重点群体提供各类优质资源。

一、支持发行双创金融债券

2021 年，人民银行支持扩大创新创业领域债券融资规模，拓宽企业融资渠道。一是支持商业银行发行双创金融债，引导双创园区运营企业等发行双创专项债务融资工具、创投企业发行债务融资工具，增加创新创业领域信贷和股权融资资金来源。截至 2021 年底，商业银行累计发行双创金融债608亿元，双创园区运营企业等累计发行双创专项债务融资工具818亿元，创投企业累计发行债务融资工具166亿元。二是支持提供“双创孵化”服务的产业类企业或园区经营公司发行双创孵化专项债券，截至2021年底，累计支持符合条件的32家企业注册双创孵化专项债券428亿元。

证监会支持创新创业公司债券试点，完善债券市场服务实体经济模式。2020年11月，指导上交所发布《公司债券发行上市审核规则使用指引第2号——特定品种公司债券》，重新规范创新创业公司债券的监管标准、信息披露及核查要求，进一步加强创新创业企业融资制度供给。截至2021年底，创新创业公司债券累计发行135支，发行金额共计563.8亿元。其中，2021年共发行创新创业公司债券48支，发行金额328.2亿元，同比增长162%，在支持创新创业企业发展方面取得了积极效果。

二、探索金融服务新模式

2021年，人民银行落实金融支持科技创新政策措施，推动银行业金融机构提升科技创新金融服务能力。一是强化对银行业金融机构的宏观审慎和信贷政策导向评估，推动增加对科技创新和高技术制造业企业的支持力度。二是支持银行成立专营机构、设立专项信贷计划、建立专门风控体系，完善服务制造业和科技型企业的内部管理机制。三是引导银行结合科技型企业特征，探索开展符合其融资需求的供应链金融、知识产权质押贷款、投贷联动等创新业务。截至2021年底，科技型企业贷款余额6万亿元，同比增长23%；高技术制造业中长期贷款余额1.5万亿元，同比增长33%。

银保监会不断完善科技金融政策框架，督导银行保险机构提升双创企业金融服务质效。一是完善支持政策，加强监管引领。制定《中国银保监会关于银行业保险业支持高水平科技自立自强的指导意见》（银保监发〔2021〕46 号），从创新产品和服务、提升管理水平、推动外部生态建设等方面，明确提出加强科技金融服务要求，推动完善多层次、专业化、特色化的科技金融体系，为实现高水平科技自立自强提供有力支撑。截至 2021 年底，科技型企业贷款较年初增长 23.3%，较各项贷款增速高出 12 个百分点。其中，科技型中小企业贷款较年初增长 28.6%，较各项贷款增速高出 17.3 个百分点。二是加快推进信用信息共享，拓展金融科技应用。税务总局、发展改革委等部委联合推出“银税互动”“信易贷”，推动各地建设信用信息和综合金融服务平台，引导和支持银行业广泛对接信息资源，运用金融科技优化授信审批及风控模型，提高专业化服务水平。三是健全科创企业风控体系，完善风险补偿和分担机制。鼓励银行业构建针对科技型企业的专有风险评级模型，从团队能力、技术成果、资本市场认可、商业模式以及行业前瞻性等角度对企业进行综合评价，更好反映科技型企业的真实科技水平。部分银行保险机构积极对接地方政府风险补偿资金池、产业基金、担保公司等，按照“多方合作、风险共担、互利共赢”的原则，探索应用信贷风险补偿基金贷款模式、担保公司担保模式、保险公司履约保证保险贷款模式等多种形式，在大力支持科技型企业的同时有效防控信贷风险。

银行业优化科技金融专业化运营，继续成立科技支行，在人员考核、审批标准、风险容忍、尽职免责等方面实行差异化和专业化管理，在营销费用、人员配置、信贷授权资金规模和价格等方面给予相应资源配套，探索具有特色的科技金融管理机制和服务模式。截至 2021 年底，全国银行业金融机构设立科技支行 956 家，较年初增加 121 家。银行业拓宽贷款抵质押范围，运用知识产权质押融资等产品为科技企业提供授信。截至 2021 年底，知识产权质押融资业务累计发放贷款 828.6 亿元，同比增长 39.83%；贷款户数 8414 户，同比增长 54.07%。银保监会、知识产权局与发展改革委共同印发《知识产权质押融资入园惠企行动方案（2021—2023年）》，就提高知识产权质押融资的普及度和惠益面、促进创新型中小微企业发展作出部署。2021年，知识产权质押融资入园惠企行动共组织银企对接等活动1300多场，覆盖各类产业园区400多个，参与企业2.7万家。

保险业发挥资金、产品优势，积极支持双创发展。一是发挥保险资金优势，为资本市场提供更多长期资金。银保监会发布《关于修改保险资金运用领域部分规范性文件的通知》（银保监发〔2021〕47号），允许保险资金投资由非保险类金融机构实际控制的股权投资基金，取消投资单支创业投资基金的募集规模限制，支持保险机构加强与专业股权投资机构合作，进一步丰富创业企业长期资金来源。2021年，保险资金投资创业投资基金新增认缴规模14.55亿元，投向双创相关的保险私募基金新增登记规模达20亿元。二是重点发展科技保险，支持企业创新。推动成立中国集成电路共保体，设立创新风险实验室，健全完善集成电路产业保险保障机制。18家财险公司及再保险公司为中芯国际、长江存储等8家集成电路企业提供4700多亿元风险保障。

专栏3-2　各类金融机构创新金融服务模式

中国农业银行推广科技型小微企业专项信贷产品“科创贷”，已累计发放贷款余额86亿元，比年初增加42亿元。

杭州联合银行依托浙江农信供应链金融服务平台，研发农资订单线上融资产品“E农贷”，通过对接供应链核心企业管理信息系统，实现融资全流程在线办理，提升普惠金融服务效能，首贷客户15分钟内高效放款，真正实现“融资零次跑”。截至2021年底，“E农贷”已为供应链核心企业提供授信2亿元，带动产业链上下游378户经营主体获得2.3亿元贷款支持。

中国人民保险集团大力发展“三首”业务（首台套重大技术装备、首批次新材料、首版次软件），推出高新技术企业产品研发责任保险，创新关键研发设备险、营业中断险等新型险种，积极推动高端软件首版次保险，保障高水平国产软件和信息技术服务尽早进入国内市场。

兴业信托通过募集资金2亿元，支持2021年扬州世界园艺博览会的苗木、材料等物资采购，并开发1500万亩片区，带动上千名农民就业及区域产业转型升级，积极为优质的民营小微企业提供金融服务。

三、发挥好政策性银行独特优势

国家开发银行免收小微企业账户管理费、汇款手续费等10个收费项目，扩大支付结算手续费减免范围，对160个国家乡村振兴重点帮扶县项目免收贷款承诺费、银团贷款安排费等中间业务收费，向实体经济让利约64.2亿元。截至2021年底，国家开发银行的人民币存量贷款利率为4.38%，近5年来下降了0.29个百分点；2021年新发放人民币贷款利率为3.96%，近5年来下降了0.56个百分点。

进出口银行支持制造业和战略性新兴产业企业提升研发能力和国际竞争力，支持企业瞄准“卡脖子”问题，加大关键核心技术攻关。2021年，累计投放制造业贷款近1万亿元，年末贷款余额超1.5万亿元，同比增长16.9%。其中，先进制造业贷款余额超5700亿元，同比增长30%，重点聚焦半导体、人工智能、新材料等前沿领域，助力提升产业基础高级化和产业链现代化水平。

四、加大小微企业信贷支持力度

2021年，人民银行多管齐下改善小微企业融资状况，综合施策引导更多金融资源支持创新创业。一是发挥货币政策调节作用，引导银行业金融机构增加中小微企业信贷投放。2021年，两次下调存款准备金率，新增3000亿元支小再贷款额度，为中小微企业融资营造适宜的货币金融环境；延续实施延期还本付息和信用贷款两项直达实体经济货币政策工具，截至2021年底，全国银行业累计支持中小微企业延期还本付息13.1万亿元，累计发放普惠小微信用贷款10.3万亿元。二是深入开展中小微企业金融服务能力提升工程，促进普惠小微贷款“量增、面扩”①。2021年6月，出台《关于深入开展

① 普惠型小微企业贷款，是指银行业金融机构向国标口径的小微企业、个体工商户发放的，单户授信总额1000万元及以下的经营性贷款。

中小微企业金融服务能力提升工程的通知》(银发〔2021〕176号),督促引导商业银行进一步完善内部资源配置和考核激励机制,加快形成敢贷、愿贷、能贷、会贷的长效机制;推动金融机构加大对中小微企业首贷、信用贷支持力度,开发并持续完善无还本续贷、随借随还等贷款产品;加大创业担保贷款政策实施力度,支持高校毕业生、返乡创业农民工、退役军人等重点群体创业就业。截至2021年底,普惠小微贷款余额19.2万亿元,同比增长27.3%;普惠小微贷款授信4456万户,同比增长38%;创业担保贷款余额2349亿元。

2021年,银保监会加强监管考核督促,推动银行业对小微企业信贷供给总量持续增长,提升小微企业融资获得感,顺利完成年内"两增"目标①。截至2021年底,全国普惠型小微企业贷款余额19.07万亿元,同比增长24.94%,较各项贷款增速高出13.64个百分点;有贷款余额的户数3358.1万户,同比增加784.97万户。从融资结构看,银保监会聚焦小微企业融资难点痛点,引导银行业加大对小微企业"首贷""续贷"力度,丰富信用贷款、中长期贷款等产品,更好匹配小微企业的贷款方式和期限需求。截至2021年底,小微企业信用贷、续贷、中长期贷款同比增速分别为32.56%、37.39%、17.66%,明显高于各项贷款增速。从融资成本看,银保监会推动降低小微企业融资成本,加强对服务价格和融资收费的监督检查。一方面,继续引导银行业金融机构根据贷款市场报价利率(LPR)走势确定小微企业贷款利率定价,将小微企业融资成本保持在合理水平。另一方面,督促银行规范中间业务收费,增加免收费项目,主动承担抵押贷款评估费及登记费,严格执行服务价格监管规定,扩大减费让利实施范围,有效降低企业融资成本。2021年银行业新发放普惠型

① "两增"目标,是指普惠型小微企业贷款较年初增速不低于各项贷款增速,有贷款余额的户数不低于年初水平。

小微企业贷款利率 5.69%,较 2020 年下降 0.19 个百分点。

五、提供重点群体各类优质金融资源

2021 年,银保监会引导各地金融机构加大扶持“双创”重点群体,搭建创业服务平台,提供优质资源。一是为返乡入乡创业群体提供信贷支持。印发《关于 2021 年银行业保险业高质量服务乡村振兴的通知》(银保监办发〔2021〕44 号),要求银行保险机构“大力支持返乡入乡创业园区建设,鼓励通过‘银保担’合作、供应链金融、设立绿色通道等方式为返乡入乡创业企业提供优质金融服务,激发农村创业就业活力”。截至 2021 年底,全国普惠型涉农贷款余额 8.88 万亿元,较年初增长 17.48%,比各项贷款增速高出 6.19 个百分点。二是赞助创业竞赛活动。中国银行作为唯一指定合作银行,参与中国创新创业大赛广东·广州赛区赛事,通过举办以行业为主题的融资对接活动,累计服务近 2000 家参赛企业,为其中近千家企业提供超过 60 亿元的授信支持。中国建设银行冠名支持“建行杯”中国妇女手工创新创业大赛、“建行杯”中国“互联网+”大学生创新创业大赛。交通银行作为第 46 届世界技能大赛国家战略赞助商,为有突出技能人才创业提供综合化金融服务。三是开发创新创业重点群体的人身保险产品,满足该群体的风险保障需求。中国太平洋保险集团开发“人才创业险”,为科技企业研发提供保险保障。该产品主要针对创业过程中因承保项目研发失败导致创业者经济生活陷入困难的情形,通过降低创业风险、解决后顾之忧,为创业者打造“有温度”的创业环境。

第四章　创业就业

2021 年，党中央、国务院把保市场主体放在更加突出的位置。各项政策综合作用下，创业企业数量保持较快增长，创业企业质量持续提高，成为吸纳就业的重要力量。各类创业群体规模扩大，大学生、留学回国人员、返乡农民工开展高质量创业。创业带动就业政策持续实施，我国就业结构进一步优化，双创示范基地带动就业能力持续增强，创业带动就业成效显著。

第一节　创业企业和个体工商户

2021 年，各有关部门深入推进“放管服”改革，持续优化营商环境，聚焦市场主体关切，出台了一系列帮扶措施政策，有力激发了市场主体活力，推动了市场主体发展。新设市场主体 2887.2 万户，同比增长 15.4%，日登记市场主体 7.91 万户。全国登记在册的市场主体达到 1.54 亿户，同比增长 11.1%。亿万市场主体的磅礴力量推动了我国经济总量迈上百万亿元大关，国家财力和社会财富稳定增长，有效承载了 7 亿多人的就业基本盘。

一、创业企业数量保持较快增长

新登记企业数量较快增长。2021 年全国新设企业 904.0 万户，同比增长12.5%,比上年增速提高3.8个百分点。平均每天新设企业2.5万户,同比增长12.8%,较上年提高4.4个百分点。其中,新设私营企业852.5万户,同比增长11.7%,外商投资企业延续了2020年下半年以来企稳回升的发展态势,全年新设6.1万户,同比增长23.3%,充分显示出我国营商环境改善和超大规模市场对外资的吸引力。

实有企业数量持续提高。我国实有企业继续保持两位数增长势头,截至2021年底,我国登记在册企业数量为4842.3万户,同比增长11.8%,增速较上年略有降低。

受疫情影响较大的住宿和餐饮业加速恢复。全年住宿和餐饮业新设市场主体305.9万户,略超2019年304.0万户的水平,较2020年增长14.8%。文化、体育和娱乐业加速恢复,新设市场主体52.3万户,同比增长44.1%,远超2020年同比增长0.4%的水平。

二、创业企业质量不断提升

新兴产业领域新设企业数量有所增长。新技术、新产业、新业态、新模式快速发展,成为我国经济发展的新亮点。2021年,我国"四新经济"新设企业383.8万户,同比增长15.8%,占新设企业总量的42.5%。

企业质量不断提升。《财富》杂志公布的2021年世界500强排行榜中,中国大陆(含香港)上榜公司数量连续两年居首,达到135家,比上一年增加11家。加上台湾地区企业,中国共有143家公司上榜。另外,新上榜和重新上榜的中国公司有18家,分别是:中国船舶集团、浙江荣盛控股集团、浙江恒逸集团、融创中国控股有限公司、敬业集团、新希望控股集团、新华人寿保险、潍柴动力、北京建龙重工集团、浙江省交通投资集团、龙湖集团、广州市建筑集团、广州医药集团、华润置地、云南省投资控股集团、万洲国际、紫金矿业集团、中国再保险(集团)股份有限公司。135家中国大陆(含香港)上榜企业平均利润约35.4亿美元，高于500家公司的平均利润（33亿美元）。

独角兽企业数量有所增长。根据CB Insights的数据，2021年中国拥有独角兽企业数量为168家。全球估值最高的40个独角兽企业中，10个来自中国（包含香港企业在内）。目前，中国电商独角兽企业数量最多、涵盖细分领域最广，涉及生鲜、母婴等多类型产品，以及电商平台、数字供应链服务等业务模式。中国独角兽公司分布于20个城市，其中北京、上海、深圳和杭州四个城市的独角兽数量占全国总数的83.3%，估值占比达到88.2%。

企业退出较为顺畅。2021年全年，全国共有217.7万户企业进行了简易注销公告，194.6万户企业通过简易注销登记程序退出市场。简易注销程序已经成为企业退出市场的重要方式之一，对于优化营商环境发挥了重要作用。在优胜劣汰机制作用下，我国企业主体总体质量得到提升，2021年企业活跃度基本保持在70%左右。

三、个体工商户稳步增长

新设个体工商户稳步增长。2021年全国新设个体工商户1970.1万户，同比增长17.2%，增速较2020年提高13.5个百分点。目前，新登记个体工商户占新登记市场主体的比重为68.2%，比2020年提高1.0个百分点。

登记在册个体工商户较快增长。截至2021年底，全国登记在册个体工商户1.03亿户，较2020年底增长11.1%，实现历史性突破，是我国数量最多的市场主体。目前，个体工商户占全国登记在册市场主体的67.1%。

个体工商户带动超过2.5亿人就业。个体工商户是吸纳就业主体的重要部分。根据调查显示，个体工商户平均从业人数为2.68人。以此推算，目前全国个体工商户解决了我国2.76亿人的就业。

第二节 创业群体

创业群体更加多元，活力不断释放。青年创业者规模再创新高，大学生创业者结构出现积极变化，专科生、技工院校学生踊跃创业。留学回国创业人才政策不断完善，创业服务平台功能持续增强。返乡创业环境进一步优化，返乡农民工创业有力带动就业。

一、青年和大学生创业

深入实施高校毕业生就业创业推进行动，加大创业培训力度，倾斜创业服务资源，落实创业担保贷款、创业补贴等扶持政策，持续加大创业支持力度。2021 年全年，新登记注册青年创业者 440.1 万人。其中，大学生（在校生和毕业五年内高校毕业生）创业者 89.9 万人，同比增长 9.3%。大学生创业者结构出现积极变化，在校生、专科生创业者人数增长较快。九成以上大学生创业者从事第三产业，批发和零售业、租赁和商务服务业、科学研究和技术服务业、住宿和餐饮业、信息传输、软件和信息技术服务业的大学生创业者较多。

加强创新创业教育，开设创业课程，建设实训场所，开展创业竞赛，进一步引领推动技工院校学生创新创业。举办第二届全国技工院校学生创业创新大赛，吸引来自全国各地的 1500 个项目、14000 多名技工院校师生参与，发掘了一批技工院校优秀创新创业技能人才，推出了一批创新创业典型，对促进技工院校学生创业就业发挥了积极作用。

加大高校毕业生就业创业工作部署力度。人力资源社会保障部印发《关于做好 2021 年全国高校毕业生就业创业工作的通知》，指出各地要结合创新驱动、新兴产业发展，积极支持有意愿、有潜能的毕业生投身创新创业。将创业培训向校园延伸，针对毕业生特点提供创业意识教育、创业项目指导、网络创业等培训。加大资金保障力度，落实创业担保贷款提高额度、降低利率政策和免除反担保要求，允许毕业生在创业地申请创业担保贷款。倾斜创业服务资源，为毕业生推荐适合的创业项目，提供咨询辅导、成果转化、跟踪扶持等一站式服务，政府投资开发的各类创业载体安排一定比例场地，免费向毕业生提供。支持留学回国人员创新创业，加强留学人员创业园建设，提供创业项目支持，鼓励开展创业研修班、创业导师进园区等活动，深入实施留学人员回国创业启动支持计划。积极挖掘数字经济、平台经济从业机会，瞄准线上教育、文化创意、新媒体运营等领域，加大税收优惠、社保补贴等政策落实力度，完善保障举措，支持毕业生从事个体经营、非全日制就业和平台就业。党中央召开全国就业创业工作暨普通高等学校毕业生就业创业工作电视电话会议，指出要把高校毕业生就业创业工作摆在突出位置，通过税费减免、创业贷款等政策支持毕业生创业，促进毕业生更加充分更高质量就业。

开展高校毕业生就业见习和职业技能培训工作。人力资源社会保障部、财政部、教育部共同印发《关于扩大院校毕业年度毕业生参加职业技能培训有关政策范围的通知》，要求各相关部门适当扩大职业技能提升行动专账资金补贴覆盖范围，统筹完善补贴性职业技能培训目录管理，推动落实职业院校开展培训的激励政策。

提供高校毕业生创业扶持。人力资源社会保障部、国家发展改革委、教育部、财政部、中央军委国防动员部联合印发《关于延续实施部分减负稳岗扩就业政策措施的通知》，规定对自主创业的毕业生，精准提供创业培训、创业服务，按规定落实创业担保贷款及贴息、创业补贴、场地支持等扶持政策。将支持和促进高校毕业生等重点群体创业就业有关税收优惠政策延续实施至 2025 年 12 月 31 日。

支持港澳青年就业创业。人力资源社会保障部、财政部、税务总局、港澳办联合印发《关于支持港澳青年在粤港澳大湾区就业创业的实施意见》，提出为有创业意愿的港澳青年提供有针对性的创业培训，提供咨询辅导、跟踪扶持、成果转化等“一条龙”创业服务，按规定落实税收优惠、创业担保贷款及贴息、场地支持等扶持政策，对面向港澳青年创业孵化服务成效较好的载体予以支持。

二、留学人员回国创业

2021 年，人力资源社会保障部实施中国留学人员回国创业启动支持计划，遴选支持了 92 名留学回国创业人员。积极支持广州海交会、大连海创周、南京留交会等留学人才项目交流活动，搭建留学人员回国创新创业的桥梁。开展多期创业导师走进留学人员创业园、留学人员回国创业高级研修班等系列活动，为留学人员创业企业提供全方位指导服务。支持各地留学人员创业园聚焦地方产业优势，发挥留学人员创新创业特长，推动一大批留学人员高新科技企业实现产业化，成功迈向国内乃至国际产业前沿和市场高端。

专栏 4-1　留学人员创业园吸引留学人才回国创新创业

留学人员创业园是凝结留学人员创新智慧、汇聚创业力量的重要平台。自 1994 年第一家留学人员创业园成立以来，我国留学人员创业园迅猛发展，各家留学人员创业园聚焦地方产业优势，发挥留学人员创新创业特长，已成为高端人才密集、以科技创新带动地方产业发展升级的重要平台。截至 2021 年底，全国共有留学人员创业园 300 余家，入园企业 2 万余家，约 8 万名留学回国人员在园创业。

多年来，人力资源社会保障部不断加强对留学人员创业园的指导支持，持续推进全国留学人员创业园建设。2001 年，印发《留学人员创业园管理办法》，进一步提高留学人员创业园科学化管理水平。2002 年，印发《关于人事部与地方人民政府共建留学人员创业园的意见》，决定共建一批规模较大、管理科学、服务完善的骨干创业园，充分发挥典型示范作用，推动全国留学人员创业园的整体发展。截至 2021 年底，人力资源社会保障部已与地方人民政府共建留学人员创业园 53 家。2014 年，建立省部共建留学人员创业园协作会议制度，推动各家创业园相互借鉴优秀经验与有效做法，共同探索新的管理方式和服务模式，进一步增强留学人员创业园的人才吸引和创业服务能力。2021 年，出台《留学人员创业园建设和服务规范》行业标准，推动全国留学人员创业园标准化、专业化、精细化发展。

三、农民工等人员返乡入乡创业

深入贯彻党中央、国务院决策部署，指导推动各地以县域为重点，细化落实扶持政策，不断优化返乡创业环境。支持各地发展返乡创业园等专门服务返乡入乡创业的创业载体3455家，向返乡入乡创业者就近提供场地、资金、服务和人才等多种支持服务。截至2021年底，全国返乡入乡创业人数达1120万人，同比增长10.9%。

国家发展改革委、科技部等14部门印发《关于依托现有各类园区加强返乡入乡创业园建设的意见》（发改就业〔2021〕399号），提出以补齐发展短板、优化发展环境、激发创新创业活力为重点，以财政、金融和社会资本等多元化资金支持为保障，推动现有各类园区整合建设、改造提升，着力构建系统完备的返乡入乡创业平台支撑体系，实现资源集约高效利用和共建共享，促进返乡入乡创业高质量发展。人社部、国家发展改革委等20部门印发《关于劳务品牌建设的指导意见》（人社部发〔2021〕66号），提出要鼓励劳务品牌从业人员创新创业，按规定落实场地、房租等各项扶持政策，打造细分行业专精特新劳务品牌，组建劳务品牌联盟，推动劳务品牌上下游产业链协同发展，打造劳务品牌特色产业园区。《国家发展改革委办公厅关于推广支持农民工等人员返乡创业试点经验的通知》（发改办就业〔2021〕721号）要求，要深入推进"放管服"改革，营造良好的返乡创业营商环境，推广了江苏省金湖县推行返乡农民工本土创业准入"无门槛"、服务"零收费"、注资"分步走"、场所"无限制"改革经验。

返乡农民工创业有力带动就业。据监测，2021年返乡创业农民工人数超过790万人，较2020年底增加约80万人，增速约为11.3%。返乡创业农民工占返乡创业人员总数比例为70.5%。各类返乡入乡人员创办的企业中，85%以上重点发展农村一、二、三产业融合项目，60%以上引入新技术新理念、拓展新渠道新方式、创办新产业新业态，55%运用信息技术，创办农村电商、网络直播等。截至2021年底，全国农村网商（店）达1632.5万家。一个返乡创新创业项目平均可吸纳6.3人稳定就业、支付年工资在2—5万元/人，吸纳17.3人灵活就业、年支付工资总额在1万元/人左右，有效扩大了乡村就业容量。

四、事业单位科研人员创新创业

2021年，高校、科研院所等事业单位科研人员认真贯彻落实党中央、国务院关于加快实施创新驱动发展战略的总体部署和要求，按照《人力资源社会保障部关于支持和鼓励事业单位专业技术人员创新创业的指导意见》（人社部规〔2017〕4号）、《人力资源社会保障部关于进一步支持和鼓励事业单位科研人员创新创业的指导意见》（人社部发〔2020〕137号）有关规定，积极采取兼职、在职创办企业、离岗创办企业等多种方式参与创新创业，在成果研发和促进科技成果转化等方面取得积极成效。

第三节　创业带动就业

2021年，各类双创示范基地充分发挥自身优势，社会服务领域双创带动就业、高校毕业生创业就业“校企行”、大中小企业融通创新、精益创业带动就业等专项行动成效显著，创业带动就业呈现新特色。创新服务平台延伸产业链就业链，互联网服务基层助力共同富裕，高校企业合作增强双创要素辐射带动效应，创业带动就业成效显著，带动新增大量就业机会。

一、就业结构不断优化

在相关政策支持下，大学生、农民工等群体的创业热情得到有效

激发，带动重点群体、城镇居民就业形势总体稳定。一是重点群体就业形势总体改善。2021 年下半年，就业主体人群 25—59 岁人口失业率一直稳定在 4.5%以下，且低于上年同期水平。农民工就业形势不断改善，春节后，外来农业户籍人口失业率连续回落。12 月，外来农业户籍人口失业率为 4.6%，低于全国水平 0.5 个百分点。高校毕业生就业形势总体稳定。9 月以后，随着毕业生工作落实，青年失业率逐步下降。12 月，16—24 岁青年失业率为 14.3%，与上月持平。二是城镇调查失业率保持总体稳定。2021 年全国城镇调查失业率平均值为 5.1%，年末城镇登记失业率为 3.96%。一季度，受春节因素和部分地区散发疫情影响，城镇调查失业率水平相对较高，2 月升至年内高点 5.5%，节后随着企业生产经营稳定恢复，失业率逐步回落。二季度各月城镇调查失业率保持在 5.0%—5.1%区间。三季度失业率有所波动，随着毕业生陆续入职以及疫情汛情影响减弱，9 月城镇调查失业率回落至 4.9%。四季度调查失业率保持在 4.9%—5.1%区间。

创新创业的基础条件进一步加强。一是创新能力进一步增强。加强国家实验室建设，推进重大科技项目实施。改革完善中央财政科研经费管理，提高间接费用比例，扩大科研自主权。延续实施研发费用加计扣除政策，将制造业企业研发费用加计扣除比例提高到 100%，企业研发经费增长 15.5%。强化知识产权保护。开展重点产业强链补链行动。传统产业数字化智能化改造加快，新兴产业保持良好发展势头。国家战略科技力量加快壮大。关键核心技术攻关取得重要进展，载人航天、火星探测、资源勘探、能源工程等领域实现新突破。数字技术与实体经济加速融合。二是新动能发展行稳势好。2021 年，高技术服务业固定资产投资比上年增长 7.9%，高出全部服务业固定资产投资 5.8 个百分点，高技术服务业实际使用外资同比增长 19.2%。信息传输、软件和信息技术服务业增加值，金融业增加值分别比上年增长 17. 2%和 4. 8%，合计拉动服务业增加值增长 1. 9 个百分点。服务业新业态蓬勃发展，5G、人工智能、虚拟现实等前沿技术在实践中与更多服务业场景加速融合，助力商品消费提档升级和服务消费提质扩容。产业融合持续深化，新一代信息技术拓展数字化转型空间，制造业与服务业持续融合、互促共进。产业结构优化推动就业结构优化，2020 年第一、二、三产业就业人数分别为 1. 77 亿人、2. 15 亿人和 3. 58 亿人，分产业就业比重分别为 23. 6%、28. 7%和 47. 7%（见图 4-1），第三产业已经成为带动经济增长、吸纳就业人员的主要力量。

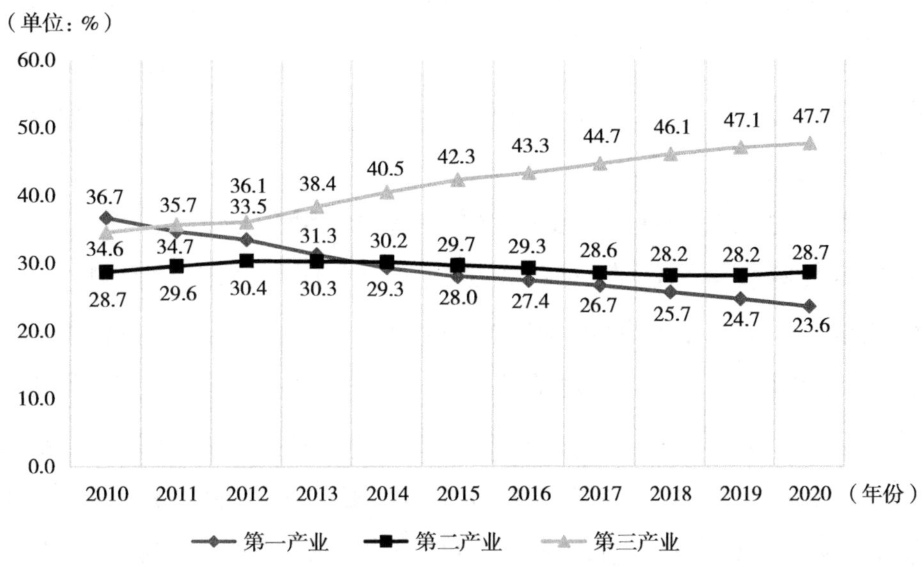

图 4-1　2010—2020 年按三次产业分就业人员占比

资料来源：《中国统计年鉴》（2021）。

二、双创示范基地带动能力持续增强

搭建创新服务平台延伸产业链。 各示范基地积极搭建中小企业创新平台，聚焦高新技术、资源密集等双创服务领域，助力大企业发挥链主企业技术优势，推行创新技术协同开发、创新产品应用等模式，带动更多中小企业融通发展。如深圳市福田区中电智谷科技创新孵化器，引入社会资本力量、落实专项政策降低企业孵化成本，建设公共技术服务平台，赋能初创小微企业，带动就业 7000 人以上。天津港保税区渤化集团化工新材料专业化双创平台，强化资源共享，为中小企业创新创业提供从创意、小试、中试到产业化开放共享的技术服务平台，累计孵化企业 37 家。

互联网服务基层群体助力共同富裕。随着创业带动就业的深入推进以及互联网经济的快速发展，劳动力市场产生了众多灵活就业岗位，有效降低了企业人力资源成本，深受企业和基层就业群体认可。如上海市长宁区依托互联网企业，搭建农村电商与农村寄递物流无缝对接平台，分类推进“快递进村”，改善农村人口当地就业人数达 7.5 万—9 万人，旗下产品服务超过百万快递末端人员，服务客户数量超过 2.3 亿人次。

高校企业合作促进“双创”要素辐射带动效应增强。高校示范基地依托科技资源优势，和各领域龙头企业深度合作，探索科技企业孵化模式。同时高校通过创新教育课程改革，为企业提供有力的科技和人才支撑。如中南大学依托校企合作，促进专创融合、科创融合，为学生创新创业提供专业化平台，支持建设开放式创客空间、创新创业教育中心、创客空间集群上百个，建设创新创业专门课程上百门，带动学生创业项目上千项，打通“专业”与“职业”之间的通道。

三、创业带动就业成效显著

持续释放创业带动就业的乘数效应，成为解决就业问题的渠道之一。“双创”系列活动广泛开展，创业担保贷款等政策落实力度加大。出台维护新就业形态劳动者劳动保障权益指导意见，规范建设一批零工市场，促进灵活就业的健康发展。持续优化创业环境，完善创业担保贷款等政策，加强创业孵化基地建设，营造良好的创业氛围，有力促进创业带动就业。依托212家国家双创示范基地开展了创业带动就业示范行动，在各方共同努力下，2021年全年累计创造就业机会416.7万个，其中校企行累计创造就业机会32.95万个，融通创新累计创造就业机会55.7万个，精益创业累计创造就业机会102.6万个，社会服务领域累计创造就业机会225.4万个。双创示范基地在创业带动就业方面的引领作用不断加强，创业带动就业持续向更大范围、更高层次和更深程度推进。

在社会服务领域"双创"带动就业专项行动中，各区域内双创示范基地围绕家政服务、养老托育、乡村旅游、家电回收等就业潜力大、带动作用突出、社会需求迫切的服务领域，以新兴业态、平台企业、示范项目、先进典型"四个牵引"深化实施专项行动。专项行动吸引各类投资38.9亿元，组织实施了一批示范项目，全年累计新增225万个就业机会。

在高校毕业生创业就业"校企行"专项行动中，高校、企业示范基地积极深化开展结对共建，抓实"六个一批"重点任务，着力培育支持大学生创业就业的良好环境。企业示范基地为高校示范基地提供创业就业导师1435名，辅导大学生创业团队2386个。校、企示范基地共同举办校企行专场对接活动502场次，吸引3122个高校团队参加，推动1119个创新创业项目落地，带动投资3.6亿元，为高校毕业生提供了32.95万个就业机会。

在大中小企业融通创新专项行动中，有关示范基地围绕保产业链供应链稳定安全，积极整合创新资源，组织创新活动，促进成果应用，推动"链主"和大中小企业融通发展。有关龙头企业在研发、供应链关键环节与13.7万个中小企业合作，共同研究制定845个技术标准，实施459个示范项目，联合开展8875项技术攻关，攻克4097个技术难点，拉动中小企业新增55.7万个就业机会。

在精益创业带动就业专项行动中，示范基地聚焦着力抓实科研人员创新创业政策落地、科技成果转化、创新型中小企业培育、创新创业资源开放共享4个方向，构建专业化、全链条的创新创业孵化体系。2021年，专项行动全年转化技术2.7万项，新增“双创”载体1251多万平方米，职务发明人创办企业8721家，孵化“隐形冠军”企业、专精特新“小巨人”企业1626家，带动新增就业机会103.4万个。

第五章　创新创业成效

2021年，面对日趋复杂的国内外形势，我国持续推进创新创业向更大范围、更高层次和更深程度发展，积极培育壮大发展新动能，努力增强社会服务新供给，千方百计保障产业链供应链安全，全力支持区域转型发展，不断提升企业创新发展能力。

第一节　培育壮大发展新动能

当前，新一轮科技革命和产业变革正加速重构创新版图、重塑经济结构，创新创业是抢占未来产业竞争制高点、培育经济发展新动能的重要抓手。各地区、各部门完整、准确、全面贯彻落实新发展理念，积极强化新基建支撑，大力发展新产业、创新发展新业态，抢占新技术前沿，加快布局数字经济新赛道，为深化供给侧结构性改革、推动经济高质量发展培育壮大新动能。

一、新型基础设施布局加快激发创新创业发展活力

新型基础设施加快布局，为创新创业提供有力支撑，从而有效激发经济发展活力，促进新动能形成。

宽带网络演进迈入重构关键期。我国已建成全球规模最大的宽带网络基础设施，宽带网络提速提质，正向大通道持续迈入。网络基

础设施优化升级，全光网建设深入推进。截至2021年底，我国累计建成并开通5G基站142.5万个，总量占全球60%以上，5G网络已覆盖所有地级市城区，超过98%的县城城区和80%的乡镇镇区；千兆光网已具备覆盖3亿户家庭的能力，农村宽带用户总数达1.58亿户，同比增长11%，农村光纤实现了与城市“同网同速”，全国光缆线路总长度达5488万公里。技术标准持续演进成熟，向满足垂直行业多样化应用需求方向演进。我国鼓励龙头企业、科研机构等在5GR17、毫米波通信等技术方面加大研发投入，加快芯片器件、网络设备等产业短板突破。欧洲电信标准化协会(ETSI)声明的5G标准必要专利中，我国企业申明的5G标准必要专利占比38%，继续保持全球领先，正在推进的R17版本的制定，将重点实现差异化物联网应用和中高速大连接，计划于2022年6月发布。应用赋能效应向千行百业扩展升级。以电子商务为代表的信息消费持续扩大升级，2021年，全国网上零售额达13万亿元，同比增长14.1%；“双千兆”网络发展推动超高清视频、4K/8K直播、AR/VR等新兴服务加速推广落地；垂直行业数字化转型升级提速，宽带网络与装备制造业、钢铁行业及工程机械等行业的深度融合，也为实体经济转型升级作出了重大贡献。

云计算产业进入发展新阶段。随着新基建的推进，云计算成为通信网络基础设施、算力基础设施与新技术基础设施协同配合的重要结合点，也是整合“网络”与“计算”技术能力的平台，云计算产业呈现出巨大的发展潜力。市场规模方面，2016—2021年我国云计算市场规模保持持续增长态势，增速远高于全球平均水平。受新冠肺炎疫情对线上业务的刺激，公有云SaaS市场有望在未来几年迎来高增长，公有云IaaS、PaaS市场仍将保持较高增速，阿里云、天翼云、腾讯云、百度云、华为云、移动云占据公有云市场前列。技术方面，云原生持续落地，行业应用加速拓展。云原生技术有效提升资源利用率、弹性效率、交付效率，并在金融、制造、服务业、政务、电信等行业广泛应用。架构方面，云网融合需求大幅增强。报告显示，近两年超过半数的企业对本地数据中心与云资源池间的互联需求强烈，已经应用边缘计算的企业占比仅为5%左右，计划使用边缘计算的企业占比超过六成。安全方面，云计算安全能力提升受关注。一系列“网络安全产业发展”的相关文件中已明确将“零信任安全”列入需要“着力突破的网络安全关键技术”。展望“十四五”，伴随着经济回暖，全球云计算市场增长率将出现反弹，预计到2025年市场规模将超过6000亿美元，云计算市场持续保持快速发展态势。

大数据产业驶入发展快车道。我国大数据产业迅猛发展，行业大数据应用快速落地，数据安全能力不断强化。聚焦效率提升，部分企业推出了云原生数据湖产品，这种技术产品采取计算与存储完全分离的架构，支持数据库与消息实时归档建仓，提供弹性的Spark（大数据计算框架）和Presto（分布式SQL查询引擎），满足了在线交互式查询、流处理、批处理、机器学习等诉求。2021年，华为、百度布局云原生大数据技术，发布云原生数据湖产品Fusion Insight MRS、云原生湖仓架构，利用云计算理论为大数据技术赋能，实现了技术产品逐步迭代升级。赋能业务升级，头部企业推出开发平台，利用低代码思想以解决数据开发门槛高的痛点，助力更多行业享受数字化转型的红利。典型产品包括阿里云Data Studio，云徙科技数据研发平台，腾讯云We Data以及科杰科技Keen Studio等。通过抽象大数据开发过程中常用的技术和流程降低开发门槛，进一步释放业务发展潜能。强化安全能力，“零信任”和隐私计算理念不断优化产品性能、破除产品间的壁垒，实现跨平台互联互通。目前，阿里巴巴、安恒信息、神州泰岳、星云Cluster、阿里云、度小满、天翼、微众银行等企业结合数据融合应用需求，不断孵化出典型应用，有效促进数据安全、流通。未来,大数据产业将继续稳步快速增长,技术创新能力不断增强,产业价值持续释放,有效推动数字化转型与智能化升级。

基础算力产业引领发展新态势。作为数字经济时代新的生产力,算力已成为全球战略竞争新焦点和国民经济发展的重要引擎。我国算力产业在逆势中加速发展,算力市场发展活跃。截至 2021 年 6 月,全球 TOP500 超算排行榜中我国超算数量居世界第一,占比份额接近 40%。从市场供给看,国内超算制造商市场份额遥遥领先,全球 TOP500 超算排行榜中,联想、浪潮、曙光分别交付 184 台、57 台、39 台,全球排名第一、二、四位,累计份额达到 56%。随着算力基础设施的完善,算力生态日益完善。算力环境日益优化,应用需求不断提升。持续优化的网络环境为算力发展提供坚实支撑,我国网络带宽、5G 覆盖率不断提升,加速云边端算力的协同,为算力发展提供动力,助推我国消费和行业应用算力需求迅猛增长。当前,互联网依然是最大的算力需求行业,占整体算力近 50%的份额,电信、金融领域对算力的应用处于行业领先水平,算力的提升推动了高清内容、视频传播、AR 导航等新兴应用的普及,进而促进智能终端消费的增长。

二、创新创业释放融合应用红利

5G 商用模式创新浪潮不断涌现。2021 年,我国 5G 商用满两周年,在央地政策的齐力推动以及数字化进程加速的大背景下,5G 商用进展持续深入,网络建设、技术标准、产业发展、应用培育和市场绩效方面均取得重要突破。受益于中国 5G 的大规模部署和全球的第一批商用,中国移动通信产业链快速增长,并持续保持中频系统通信设备全球领先地位。其中,华为以 35. 2%的市场份额稳居第一,爱立信、中兴、诺基亚、三星分别以 21. 5%、16. 4%、12. 1%、9. 1%位列二至五位。终端设备类型不断丰富，截至2021年10月底，国内5G终端有603款，其中手机终端452款，非手机终端151款。从非手机终端的应用场景来看，广泛涉及工业、交通、医疗、金融、教育等领域。行业应用发展驶入“快车道”。据第四届“绽放杯”5G应用征集大赛数据统计，全国5G应用创新项目已超过1.2万个，无论数量还是创新性方面均处于全球第一梯队，工业互联网、智慧园区、智慧城市、信息消费、智慧医疗领域的项目数量位居前列。消费应用升级梯次突破。在2022年北京冬奥会上，基础电信运营企业、互联网企业等在云转播、智慧场馆、全景360°直播、VR观赛等典型5G应用实现更多场景突破，满足了用户与内容之间的互动需求。未来1—2年，仍是中国5G商用发展的关键时期，逐步补齐5G应用创新面临的各项短板，构建完备的5G创新生态体系将是推动5G商用的重大任务。

数字孪生城市落地探索持续深入。数字孪生加速推进智慧城市建设升级，是未来城市形态演变的重要方向。平台建设方面，各企业加速研发并推出商业软件平台。超图已开放GIS（Geographic Information System，地理信息系统）在线软件平台，51WORLD开放数字孪生开发者平台WDP3.0，泰瑞数创推出“平行世界”数字孪生一站式服务平台，优锘科技、亚信科技、商询科技等企业建立零代码开发平台。资金支持方面，“元宇宙”概念的兴起为数字孪生企业融资带来利好。粗略统计2021年以来国外游戏平台和我国互联网企业以“元宇宙”概念获得的融资额分别超50亿美元和150亿人民币，Facebook、腾讯等科技巨头启动“元宇宙”高科技研发计划。应用方面，数字孪生城市试点建设交通、社区和建筑等行业场景大规模推进，浙江省发布数字孪生建设首批试点清单，将数字孪生技术应用于地铁安全管理、大型交通枢纽安全管理等十大领域。自2018年3月起，住房和城乡建设部先后选择广州、厦门、南京、北京副中心、雄安新区、中新天津生态城开展城市信息模型（CIM，City Information Modeling）专项试点，CIM 相关项目数量呈现出逐年快速增长的趋势，投资总量持续攀升，CIM 迎来了快速发展期。截至 2021 年 10 月底，CIM 相关标的数快速增长至 149 项，增长率超过了 200%，广州作为首批 CIM 试点城市，目前已开展为期 3 年、投资超 2 亿元的 CIM 基础平台建设工作，建设进度超前。总体来看，深化技术与业务逻辑的融合，重视城市运行规律的洞察，构建成熟精准的行业算法模型，将成为推动数字孪生应用深化的重点。

金融科技融合发展全面提速。近一年来，我国金融科技生态审慎创新和风险防控的监管要求进一步强化，传统金融机构对科技重视程度不断提升，金融科技跨界合作持续深化，金融业务场景化发展渐成趋势。政策环境方面，围绕“金融活动全面纳入监管”这一政策基调，监管部门在各个细分领域不断补位，将金融科技中涉及的金融业务活动全面纳入监管，加大反垄断监管力度，金融科技市场环境不断优化。业务发展方面，传统金融机构大幅增加金融科技投入，快速推进科技转型，其中，国有六大行 IT 投入同比增长 34. 54%，远高于其收入增长率 4. 44%，越来越多的金融机构科技子公司强化对外输出科技服务能力，其在金融科技市场的占有率和影响力得到显著提升。产业生态方面，多方合作的重要性愈加凸显，金融服务跨界互联持续深化。大型互联网科技企业持续强化金融科技业务布局，通过技术手段将金融服务与医疗、交通、教育等场景互联，打造多场景“生活圈”，为客户提供高效率、低成本、个性化的一揽子金融服务成为金融服务企业转型新赛道。行业应用方面，金融科技热点应用范围不断扩展，数字人民币是最为热点的应用领域，相关试点不断扩展，移动支付智能化升级、保险科技、财富管理等保持较高的发展热度。总体来看，通过数字化技术驱动开放金融平台建设，充分利用产业生态力量实现服务能力协同，正在逐步成为金融科技行业热点方向。

安全应急产业全面布局协调推进。当前,我国安全应急产业在政府推动、供给提升、需求引领、技术赋能等多力量的作用下进入快速发展阶段,安全发展与应急管理能力大幅提升。围绕防疫应急物资,产业链条逐渐完善,一方面,产业链上游企业通过向下游延伸,实现全链条融通,保障应急物资的生产供应;另一方面,部分拥有相似原材料、生产设备的企业通过技术改造,实现防疫应急物资的跨界转产,构建起了产业链条完整的防疫应急物资体系。发展环境持续优化,党的十九届五中全会《中共中央关于制定国民经济和社会发展第十四个五年规划和二〇三五年远景目标的建议》中首次将"统筹发展和安全"纳入"十四五"时期我国经济社会发展的指导思想,各地在统筹疫情防控和经济发展,谋篇布局"十四五"规划时普遍重视将发展安全应急产业作为完善应急物资保供体系的重要内容。河北、浙江、广东、上海、湖北、安徽、甘肃、江苏等多个地区相继出台相关政策或规划,明确在"十四五"期间大力发展安全应急装备及相关产业。区域布局更加合理,依托各地坚实的石化、纺织、装备工业基础,我国医用防护产品布局实现了产业链全环节覆盖。例如原材料环节,拥有安徽琅琊、湖北仙桃、河南新乡、浙江天台和广东西樵等生产基地;零部件环节,在浙江、山东、江苏、广东和福建等地形成了非织造布产业集聚区。

三、创新创业激发新兴技术潜能

区块链向多层次融合创新演变。我国区块链技术应用和产业生态加速演进,开始步入多层次融合创新、业务驱动优化新发展阶段。技术层面,基础功能架构已趋于稳定,面向业务场景需求的工程技术优化成为业界共识。蚂蚁链推出 BTN(Blockchain Transmission Network,区块链高速通信网络),长安链发布自研 P2P 网络 Liquid 代替开源组件 libP2P,中科院软件所张振峰团队与美国新泽西理工学院共同提出的国际上首个完全实用的异步共识算法小飞象拜占庭容错算法(Dum boBFT),都有望应用于实际生产环境。应用层面,区块链应用深度和广度持续提升,脱虚向实趋势明显。一方面,区块链应用场景正在实体经济、公共服务等行业的传统细分领域不断拓展,呈现新型水平化布局;另一方面,随着应用场景的深入化和多元化不断加深,区块链将进一步赋能数字人民币(DCEP)、碳交易等相关增量业务发展,市场潜能被持续激发,为各行业数字化转型提供新的驱动力。在产业层面,我国区块链产业基础、产业链条、产业环境和产业生态日益完善,区域级、行业级区块链基础设施不断涌现,产业商业模式在业务运营联盟化、技术应用开放化中寻找新机遇。目前,国内外已经形成多个具有广泛影响力的区域级区块链基础设施平台,包括“欧洲区块链服务基础设施(EBSI)”“蜀信链”等,在金融、司法、能源等领域,“银行业协会函证平台”“司法链”“天平链”以及“国网链”等多条行业链齐头并进。

虚拟现实迈入产业发展成熟期。作为新一代信息技术融合创新的典型领域,虚拟现实关键技术日渐成熟,在大众消费和垂直行业中应用前景广阔,产业发展进入起飞阶段。技术不断取得突破,Micro-LED 与衍射光波导成为近眼显示领域探索热点,云渲染、人工智能与注视点技术引领 VR 渲染 2.0,强弱交互内容多元融合,内容制作支撑技术持续完善,自然化、情景化与智能化成为感知交互发展方向,5G 与 F5G 双千兆网络构筑虚拟现实应用基础支撑。产业进入高速发展阶段,以应用服务、终端器件、网络平台和内容生产为重点领域的产业生态初具规模,云化虚拟现实触发产业链条融合创新,对传统业务流程的解构重组催生视频内容上云、图形渲染上云与空间计算上云新业态,“虚拟现实+”创新应用向生产生活领域加速渗透,云 AR 数字孪生描绘人机交互深度进化未来蓝图。终端设备开始规模上量,适配场景与功能定位体系日益清晰完备。例如,华为

VRGlass、Focal 等轻量级 VR/AR 终端通过强化通信连接能力，以及摄像头提供虚拟助手等功能进而变身为手机伴侣。未来，随着 5G、人工智能、超高清视频等新兴技术的成熟，VR/AR 在各领域的应用将进一步展开，带动产业链迎来爆发式增长，预计到 2026 年我国虚拟现实行业市场规模将达到 500 亿美元左右。

开源生态呈现产业化发展趋势。过去一年，国家高度重视开源产业发展，"十四五"规划首次把开源纳入顶层设计，华为、腾讯、阿里等大型科技公司均将开源纳入公司整体规划，开源生态进一步发展成熟，并呈现产业化发展全新态势。开源平台参与方面，我国开源项目呈爆发式增长，开源贡献者数量快速增长。根据 GitHub 调研报告，中国在 GitHub 的贡献者数量增长迅速，目前仅次于美国，数量位居第二，平台上中国贡献者数量增长速度为全球最快；开源平台商业化方面，开源商业模式逐渐清晰，开源协作探索取得重大突破。中小企业基于开源构建差异化服务，通过提供开源项目的企业发行版，从差异化的商业产品及服务中获取收益。第三方开源供应商以落地开源软件应用为目标，提供高质量部署、安装、运维、安全等开源支持服务，以按年收费形式为用户提供服务。目前，国外的亚马逊云、微软云，国内的阿里云、华为云、腾讯云等云厂商均提供主流开源软件的云服务，涵盖操作系统、中间件、数据库等领域。总体来看，随着国内企业对开源的认知逐渐加深，开源正逐步成为各行业数字创新发展的关键模式，从个人参与到企业参与，从开源技术交流到开源生态协同，逐步形成产业供应关系。开源生态将持续保持高速扩展态势，我国开源生态发展将处于快速膨胀期。

量子信息商业应用模式持续涌现。我国量子信息技术领域总体发展态势良好，科研探索和技术创新活跃，代表性研究成果亮点纷呈，应用场景广泛开展，产业生态培育方兴未艾。量子计算云平台探索不断深入，我国企业虽然起步较晚，但紧跟国际企业发展步伐，整体表现活跃,汇集了多家科技企业、初创企业和研究机构。例如,2021 年,百度发布了云原生量子集成开发环境 Yun IDE,提供全新量子编程体验,北京量子信息科学研究院等研究机构也开始提供超导量子计算云平台,为量子算法和量子模拟研究提供了实际物理平台后端的测试场景等。量子通信方向科学研究与实验探索持续活跃,量子通信加密应用陆续开展,海口、福州、重庆等地量子保密通信网络建设和示范应用陆续开启。中国电信启动量子铸盾行动,计划在多个城市开展城域量子密钥分发和加密应用探索,并推广移动终端用户的量子加密通话服务等。量子测量产业化初步启动,原子钟、量子雷达、顺磁共振谱仪、量子重力仪等领域产业资源不断聚集。但是,在大规模应用推广到来之前量子测量的应用对上游的牵引力还不足,导致上游有实力的元器件及工艺厂商对量子产业领域的研发投入不足,制约产业整体发展。总体来看,我国量子信息技术领域具备良好的研究与应用实践基础,但是,具体的应用结合点以及解决方案尚未明确,未来需要进一步取得更多技术研究、应用探索与产业培育新成果。

第二节　增强社会服务新供给

创新创业带动新技术、新产品、新业态、新模式不断涌现,优化资源要素配置、变革生产组织方式和延伸产业链条,以信息化、智能化为杠杆推动产业链再造和价值链提升,有效增强社会服务新供给,不断满足社会新需求。

一、创新创业助力数字产业服务化稳步推进

新模式新业态推动 ICT 产业结构持续服务化。2021 年,我国

ICT 产业收入规模超过 26 万亿元，同比增长 17%，较 2020 年提高 7 个百分点。其中，电信业、互联网、软件业收入占比超过 48%，较上年提高 0.9 个百分点，产业结构持续软化。电信业支撑服务能力大幅增强，5G 网络服务已覆盖所有地级市城区，数据中心、云计算、集成信息服务、大数据等增值及其他业务成为拉动收入增长的首要动力。互联网和相关服务业发展平稳向好，音视频服务持续快速增长，网络销售、生活服务等平台经营活跃。软件和信息技术服务业持续恢复，逐步摆脱新冠肺炎疫情负面影响，呈现平稳发展态势。2021 年全国软件和信息技术服务业规模以上企业超 4 万家。

线上消费促进生活服务新业态蓬勃兴起。新一代信息技术与经济社会融合程度不断加深，数字服务和产品快速创新迭代，软件应用、数字内容等付费规模持续增长，物联网、云计算等服务垂直行业的信息消费产品进一步推广，不断形成一个又一个新兴消费热点。一方面，电子商务、网络直播、移动社交、手机游戏、本地生活、共享经济等贴近生活场景的新业态快速普及，直播短视频等移动互联网新业务快速崛起。据工信部统计，截至 2021 年底，我国国内市场上监测到的 APP 数量为 252 万款，实现衣食住行娱全场景覆盖。另一方面，数字技术加速向工作、学习、消费、娱乐、社交、旅游等多种场景渗透，围绕人们不断升级的消费需求加速创新。疫情期间，远程办公、在线教育、在线医疗、线上演播、云旅游等新产品、新服务层出不穷，以游戏、阅读、视频等为代表的线上内容产业迎来发展新风口。

二、创新创业推动实体经济数字化转型升级

产业数字化深层次拓展持续加速。5G、云计算、大数据、人工智能、区块链等新技术层出不穷，供应链全流程数字化加速探索。尤其疫情背景下，各行业主动拥抱信息技术，加快生产、营销、管理等全流程数字化升级，衍生出全产业链、全渠道融合渗透的新模式新服务。

在研发设计领域，虚拟仿真、人工智能等信息技术显著降低研发成本、提高研发效率，加速科研进程与科技成果转化，加快新产品上市速度。在生产作业现场，依托物联网、大数据、工业互联网等技术，有效实现对设备、生产线、车间乃至整个工厂全方位的无缝对接、智能管控，最大限度地优化工艺、提高生产效率。在商品流通环节，各平台加速布局 C2M 市场，将技术能力向供给侧迁移，通过多维度的大数据分析帮助制造企业精准锁定消费者个性化需求。

工业互联网成为产业数字化转型重要途径。近年来，经过大量理论和实践探索，工业互联网已从概念形成普及进入应用实践推广的新阶段，在经济社会各领域中加速应用推广。当前工业互联网应用几乎涵盖了工业的各个行业、各个价值环节，与实体经济的融合赋能初步显现了其强大的生命力和创造力。截至 2021 年底，全国“5G+工业互联网”建设项目超过 2000 个，5G 与制造业、港口、电力、矿山等场景已取得良好的实践效果，经济价值逐渐显现，呈现规模化应用的趋势。从行业领域看，装备制造业成为工业互联网最主要的应用行业之一，同时，工业互联网正逐步从工业向采矿、水务、金融等实体经济其他领域延伸。从价值环节看，生产过程管控、设备资产管理是最主要的应用，降本增效成效显著，并正从外围环节向核心业务流程深化拓展。比如，联想工业互联网平台 iLeapCloud 开发了“激光检测+机器视觉”联动复核的钢管表面缺陷智能化检测解决方案，帮助企业实现了以不超过 1.5m/s 的速度对尺寸为 73mm—219mm 的无缝钢管表面缺陷进行有效检测，漏检率降低了 80%。

三、创新创业开辟数字化治理探索新路径

信息通信技术持续赋能社会治理精准化。在新冠肺炎疫情这一突发公共卫生事件影响下，我国数字化治理发展迈出坚实一步。政府运行方式、业务流程和服务模式数字化智能化，政务信息系统整合

持续深化，政务服务向移动端延伸，实现政务服务事项“掌上办”“指尖办”。疫情期间，全国一体化政务服务平台推出返岗就业、在线招聘、企业登记、项目审批、网上办税等高频办事服务700余项，为33亿人次提供“无接触”线上服务，实现“数据多跑路、群众少跑腿”。数据驱动支撑政府决策科学化、精准化。比如，在常态化疫情防控背景下，一些地方通过“一网统管”平台使用实时数据指挥城市运行，并对重点领域进行模块化管理，保障城市安全有序运行。

数据共享开放释放要素价值。数据要素将推动技术、资本、劳动力、土地等传统生产要素发生深刻变革与优化重组，赋予数字经济强大发展动力。我国各级政府在释放公共数据资源价值、激发社会数据资源活力、加强数据资源汇聚融合与创新应用等方面发挥着示范和引领作用。比如，贵州省构建国省市县一体化跨行业数据共享平台及融合应用服务体系，促进信息系统数据联动，规范跨层级、跨区域数据共享调度机制，确保工作体系和服务体系有效实施。山东省青岛市以公共数据开发利用为突破口，通过“搭平台、建生态、强保障”，引导公共数据和社会数据开放共享和融合应用，依托平台打造线上“数字实验室”和“数据会客厅”，加强数据供需对接，构建数据创新应用生态体系，引导全社会形成“用数据”的氛围。福建省厦门市推出大数据安全开放平台，对公共数据源、市级数据湖、市级数据库、数据共享交换平台等进行全面管理，实现数据资源价值的行业应用转化。

第三节　保障产业链供应链安全

近年来，国内外形势日趋复杂，尤其是新冠肺炎疫情暴发及国际社会经济发生深刻变革，产业链供应链安全稳定面临严峻挑战。在以习近平同志为核心的党中央坚强领导下，深入实施创新驱动发展战略，认真开展精益创业活动，不断推动产业融通创新，增强原始技术创新，补强双链短板。

一、创新创业助推产业链供应链畅通发展

产学研协作打造良好产业链供应链创新生态。围绕产业链供应链关键环节，搭建资源汇聚和共享平台，加快推进科技与产业链深度融合，协同布局科技成果转化与应用体系建设，形成产业链系统解决方案，打造产学研融通创新共同体，优化产业链供应链创新生态。柳州高新区携手上汽通用五菱成功打造“SGMW数字化供应链协同智造云平台”，着重应用大数据挖掘、云架构及工业信息技术，创新性开发并形成支撑展现汽车零部件企业全景画像的数据库与平台系统，实现供应链数据、信息和资源的充分共享、高效协同，平台已在SGMW供应链成功推广应用，广泛覆盖700家供应商，帮助12家企业建设数字化工厂，吸引千余家供应链企业参与20多场交流活动，推动了供应商发展理念更新、管理模式升级、创新研发资金投入，为SGMW及相关供应商累计节约成本2.37亿元。河南郑州航空港充分运用临空优势为企业提供全流程创新研发生产服务支撑，汇聚政策、项目、平台、技术、人才和资本等产业要素，互动发展形成强大产业支撑体系，构建生态产业闭环，打造企业融通发展、产学研协同创新的生物医药创新示范基地，建成投用大分子药物CDMO平台、小分子API&制剂CDMO平台、细胞及基因治疗CDMO平台等。引进39家企业，累计培育高新技术企业9家，规上企业6家，科技型中小企业32家，郑州市“专精特新”企业5家。天津经开区组织国家超算天津中心建设“基于天河云的中小企业设计与仿真平台”，目前该平台汇聚通用工业软件及工业APP服务商15家，达成合作的行业龙头企业7家，节省龙头企业研发费用超过3000万元，为企业带来效

益超过亿元，汇聚和形成的知识产权 59 项，吸引注册企业超 400 家，培训高端人才超过 300 人。

大中小企业融通发展助推产业链供应链上下贯通。围绕保产业链供应链安全稳定，龙头企业牵头建设“三个生态”，打造整合创新资源、组织创新活动、促进成果应用的“平台”，带动中小企业在细分领域精耕细作、搞出更多独门绝技。龙头企业以开发战略性产品或技术为牵引，组织实施融通创新示范项目，吸纳中小企业融入大企业研发、供应体系。国家电网以创新创业服务“双碳”目标落地、带动产业链融通创新为目的，建成投运国网新能源云平台，是全球最大的新能源运行监测服务平台，将新一代信息技术与新能源全价值链、全产业链、全生态圈业务深度融合，设计了“资源分布、厂商用户、碳达峰碳中和服务”等 15 个子平台，为政府部门和产业链上下游企业提供新能源消纳分析、线上并网、补贴申报、碳排放监测等“一站式”服务，在推动新能源科学发展和高效消纳、支撑服务碳达峰碳中和、促进新能源产业链大中小企业融通发展等方面成效显著，已成为国家电网打造自主创新产品应用生态、带动产业链融通发展的典范。截至 2021 年底，平台接入新能源场站超过 245 万座、装机容量达到 4.95 亿千瓦，新能源利用率保持 97%以上，服务产业链上下游 1 万余家大中小企业业务发展。广东农垦集团以“链主”担当建设融通创新示范项目，以行业影响力及特色产业开发战略性产品和技术，牵引中小企业融入产业链，共计开展 25 个专项项目，总投资 9153.78 万元，项目专项行动在研发和供应链等环节支持带动中小企业 117 家，预计攻克技术难点 52 个，共同研制国家、行业、团体、企业、技术等标准 45 项。中国移动通过“揭榜挂帅”等模式，发布 167 个命题项目，其中 99 个命题通过揭榜、辅导、孵化已完成打榜，相关创新成果正在进一步落地转化。面向中小微企业、创客团队累计征集创新项目、解决方案超 13000 个，吸引近 4 万创新人才参与。

二、创新创业增强产业链供应链韧性

抓实科技型中小企业培育补双链"短板"。围绕落实税收优惠和各项扶持政策，强化各类创新创业示范基地、技术交易市场等对初创企业的支持，瞄准小批量关键零部件、元器件、基础材料、专用软件等短板，开发快速迭代的"最小可用品"，孵化细分市场的隐形冠军。杭州钱塘新区运用"企业出题、政府搭台、协同解题"的产学研合作模式，定期收集企业技术、人才需求，搭建双向沟通平台，做强"博士（教师）入企"品牌，培育了一批国家级专精特新小巨人企业，它们在汽车底盘电控制动行业装配与检测装备细分领域已位列国内第一，产品已进入日本电装、比亚迪、万向等国内主流汽车零配件龙头企业的供应体系；多项关键核心技术在流体装备领域里取得重大突破，首创高压管式过程泵，在油气开采输送领域产业链上打破国外垄断，填补了国内管式泵空白。成都市高新区大力推广"科创通"平台，推动自有技术平台开放共享，并充分利用科技创新券服务中小企业。其生物医药分析测试平台把政府对产业发展的政策引导与企业的高效率运作和专业化技术团队支持有机结合在一起，投资3500万元从美国、德国、日本等国家进口先进大型精密分析测试仪器40多台（套），开展药物/化合物的定性定量分析测试。截至2021年底，已为550余家企业、高校和科研机构提供数十万计的分析测试服务，有效改善区域科技创新环境。

做实科技成果转化延伸产业链供应链链条。充分发挥技术、人才、平台等优势，充分利用现有的场地、资金、创业孵化机构等资源吸纳具备核心竞争力的初创企业入驻。深入推进职务科技成果所有权或长期使用权改革，支持职务发明人带着科技成果创办企业，推动原始技术创新。西北工业大学坚持以国家需求为使命担当，以核心技术为创新引领，不断创新体制机制，打通从基础研究、关键技术突破到工程化、产品化系统集成的科技创新链路，为我国提升国防科技现代化水平、打破新材料和先进制造等尖端技术的国际封锁作出突出贡献，形成了以“创新机制、补强链路、技术引领、军民融合”为鲜明特色的成果转化“西工大模式”。西工大教授依托凝固技术国家重点实验室，发明了一种全新金属高性能增材制造技术，与学校共同组建成果转化公司，研制出世界最大尺寸的飞机翼肋缘条，为中国商飞、中国航发、航天科技等200多家单位制造超过10万件金属零件，批量应用于大飞机、火箭、卫星等20余项国家重大型号任务，为我国国防型号装备跨越式发展提供了重要技术支撑。2019年7月，该成果转化企业成功登陆科创板，是首批科创板上市企业中仅有的两家高校成果转化企业之一，现市值140多亿元。中科院深圳先进技术研究院首创的“楼上楼下创新创业综合体模式”，楼上为科研机构，楼下为企业，该模式能有效压缩技术与市场的距离，共用仪器设备，依托科研机构输出的优质成果，提高技术转化效率，专注“从0到1”的原始创新；同时，面向社会吸引优质且具备核心竞争力的初创企业入驻，聚焦“从1到10”的企业孵化，培育有竞争力的企业梯队。南方科技大学科技园区示范基地通过技术转移中心、资产管理公司等部门单位为教师科技成果转移转化提供各项专业服务，积极抓实科技成果转化，2021年累计完成转化技术305个，其中17个项目96件科技成果的转移转化合同总价值超过8000万元。

依托龙头企业带动持续锻造双链“长板”。各龙头企业围绕在产业链供应链方面的优势，持续优化布局下一代技术，精益锻造长板，确保处于第一梯队。海尔集团采用“公司+联盟”的模式，充分发挥企业和行业协会组织的主体性和积极性，纵向提供家电标准研发、技术服务等新型公共服务能力，横向提供智能家电国际供应链资源，搭建横纵产业链生态，实现横纵打通的全方位公共服务能力，促进中国家电产业创新能力持续增强，保持在国际家电领域的优势地位。随着数字化浪潮席卷全球，海尔认为传统工业模式带来的增值效益逐渐减弱，企业亟须转型，海尔基于卡奥斯 COSMOPlat 提出整套数字化转型战略方案，从设计、生产、物流、仓储、销售、服务、人员、资源等多个维度入手，实现管理全面升级、数字化全面转型，锻造国际家电智能制造的长板。荣事达集团基于在家电行业的深厚积累，瞄准下一代智能家居应用生态，推出“品冠 E 家”这一高端品牌，建立了社区店、城市合伙人、双创模式等多渠道的合作经营模式，致力于提供全屋空间场景一体化解决方案，提出并开放“家电盒子”概念，汇集智慧安防系统、智慧空气系统、智慧用水系统、智慧影音系统、智慧控制系统、智慧照明系统、智慧新能源系统、智慧美食系统、智慧看护系统、智慧健康系统等 10 大智慧场景解决方案，开辟了从卖产品、卖方案到卖生活方式的新路径，不但巩固了在智能家电领域的优势，更是有效外延至智能家居。中国一重集聚优势资源围绕关键基础零部件领域原创技术布局，联合其他创新主体建设“国家发电设备智能制造创新中心”等先进技术平台，紧紧抓住双碳约束下风电等新能源装备的研发需求，加快推动集装备制造、运维服务、投资开发、减污降碳等新能源全产业链建设，携手齐齐哈尔市打造东北地区的风电装备基地和新能源产业基地，建成具有明显优势特色的千万千瓦级新能源产业集群。

第四节　支撑区域经济转型发展

近年来，大众创业万众创新持续向更大范围、更高层次和更深程度推进，区域创新创业能力不断提升，激发区域高质量发展新动能，持续推动区域经济创新转型发展。

一、创新创业强化区域发展动能

科创中心发挥区域创新创业高地引领作用。科创中心建设不断优化创新创业生态，在京津冀、长三角和粤港澳大湾区率先形成区域创新创业高地。2021 年北京在全球创业生态系统指数报告中位列世界城市第 3 位。2021 年 1—11 月，北京市大中型重点企业研究开发费用合计 3030.6 亿元，同比增长 31.4%，期末有效发明专利 16.6 万件，同比增长 28.1%，其中“三城一区”企业占比超 60%。2021 年，中关村国家自主创新示范区高新技术企业实现总收入 8.3 万亿元，增长 14.9%，其中技术收入占总收入比重为 21.6%。张江国家自主创新示范区成为上海创新能力最前沿、创新创业最活跃、创新产业最集聚的区域。截至 2021 年底，共有 360 家张江示范区的企业在 A 股、港股、美股上市，占全上海的比例达到 62%；其中科创板上市企业 50 家，首发募资总额达 1368 亿元，占全国的比例近 1/3。粤港澳创新创业合作不断深化。2021 年，广州市设立了总规模 10 亿元的港澳青年创业基金，建成港澳青年创新创业基地 46 个；中山向港澳青年开放 105 个青年创新创业基地，在园孵化港澳创业团队 44 个；江门建成 5 家港澳青年双创孵化基地，“珠西创谷”吸引 70 多个港澳创新创业团队入驻孵化。

双创示范基地联盟促进跨区域融通发展。长三角双创示范基地联盟加速推进区域高质量一体化创新格局构建。2021 年 5 月，表决通过 2021 版联盟章程，吸纳宁波北仑区、高新技术产业开发区等 15 家第三批双创示范基地加入联盟，将联盟成员数量增加到 40 家。截至 2021 年 9 月，长三角地区 1456 家上市企业在长三角异地投资企业近 4000 家，获融资企业数超过 1.3 万家。截至 2021 年 12 月 31 日，由上海杨浦、常州武进、合肥高新区、嘉兴南湖和宁波鄞州 5 家双创示范基地联合成立的双创券通兑通用综合服务平台，共汇聚全国服务机构 669 家，发布 447 项服务产品。两年来平台累计实现上海市与长三角跨区域的通用通兑服务案例 36 例，累计促成订单 253 个，订单金额 4887.0928 万元，用券金额 1381.9705 万元。京津冀推进创新创业协同成效显著。2021 年“创响中国”海淀站暨京津冀双创示范基地联盟主站活动成功举办，汇聚了京津冀双创示范基地联盟的优势资源，有效推动了联盟成员间的联动、融通与协同。2021 年，北京流向津冀技术合同 5434 项，成交额 350.4 亿元；中关村企业在津冀设立分支机构达 9032 家，京津冀基础研究合作专项累计投入约 5000 万元，资助项目 100 余项，部分项目成果已实现了应用。西部双创示范基地联盟基地数量由 26 家增至 46 家，助推西部地区创新创业高质量发展。2021 年 6 月，四川天府新区充分发挥“创响中国”的平台作用，联合清华大学四川能源互联网研究院主办能源互联网国际创新中心 2021EXCEL 加速营活动，吸引来自海内外 150 余家创新能源企业参与。

中西部地区提升创新创业专业化服务能力。中西部地区聚焦发展不平衡不充分的突出问题，探索各具特色的双创示范基地高质量发展模式。合肥高新区通过建立“科研与产业协同、产业与创新协同、创新与人才培养协同”的融合发展体系，集聚各类创新资源，全力将“科大硅谷”核心区打造成为具有国际影响力的创新资源聚集高地、科技创新示范高地、新兴产业孵化高地、国际科技交流合作高地。“兰白两区”聚焦创新驱动引领，助力产业创新、加快创新资源集聚、构建企业主体、需求牵引、产业导向的科技创新体系，发挥老工业基地优势，着力重振“兰州制造”，实施规模以上工业企业倍增计划，工业经济的带动能力显著增强。西咸新区坚持产业立区，实施科技型企业和先进制造业倍增计划，加快科技成果在制造业上的转化落地，集全区之力加快推进“秦创原”总窗口建设，实施产业链“链长制”，推动两链融合，促进形成产业链完整的先进制造业集群。

二、创新创业助力区域产业转型

跨区域双创合作助力产业实现转型升级。东北地区与东部地区深入开展对口科技合作。大连市与上海市签订战略合作框架协议，积极借鉴上海市“双创”企业、“双创”平台和创客的经验做法，推广上海田子坊、八号桥的先进经验，建设冰山慧谷和舍艺术工厂等文化创意产业聚集区，设立创业培训、创业服务、创新扶持等服务平台。长春市与天津市持续开展对口合作，共同打造长春市津长双创服务中心，布局双创会客厅、科技企业孵化器、加速器和综合服务中心等功能区，借鉴天津市先进经验推出“创新券”，已发放创新券 650 万元、惠及企业 245 户。辽宁省与江苏省合作建立东北大学无锡研究院，依托东北大学未来技术学院，在无锡市设立异地创新中心，开展未来技术合作，培育和发展未来产业。哈尔滨市与深圳市推动两地国有企业合作，发展生产性服务业，共同设立黑龙江红土创投基金，支持培育哈尔滨“专精特新”高技术企业，引导社会资本投资，助力哈尔滨新兴产业发展。

产业园区以区域创新联盟助力新兴产业发展。无锡高新区、上海张江高新区、南京高新区、杭州高新区、合肥高新区、苏州高新区 6 家国家级高新区在无锡发起成立“长三角集成电路产业国家高新区创新发展联盟”，以完善集成电路产业区域间产业链、供应链与创新链协同机制，加快集成电路产业集群化发展。重庆两江新区成立智能网联汽车产业、新能源汽车产业、新型显示产业、工业互联网产业、医疗器械、制药产业、钛合金材料、通用航空装备技术等八个产业创新联合体，推动产业链上中下游、大中小企业融通创新，推动产业高端化、智能化、绿色化发展。大连高新区成立车联网产业创新联盟，通过开展产业互惠合作、新技术协同创新、公共服务平台共建、专业人才联合培养、产业政策决策支持等工作，充分发挥大连产业基础与资源优势，构建产学研用互为支撑、协同发展的良好生态环境，推动大连市车联网产业快速发展。

三、创新创业提升区域发展活力

中小微企业的金融支持力度不断加大。为促进中小微企业发展，央行综合运用降准、再贷款、再贴现等政策，保持流动性合理充裕，为中小微企业融资营造适宜的货币金融环境。2021 年 7 月，央行下调金融机构存款准备金率 0.5 个百分点，降低融资成本，加大对小微企业的支持力度。9 月，央行宣布新增 3000 亿元支小再贷款额度，对中小企业“精准滴灌”，并加大普惠小微信用贷款支持政策的实施力度。2020 年至 2021 年 10 月，银行累计支持中小微企业延期还本付息 11.8 万亿元，累计发放普惠小微信用贷款 9.1 万亿元。2021 年，北京市“中小企业发展专项资金项目”支出 11.9 亿元，支持 1500 家小微企业融资担保贴费，以服务券形式补贴 1800 家以上中小企业。2021 年前三季度，深圳累计向 8.6 万户小微企业发放首贷 871 亿元，向 1.5 万户小微企业发放科创贷 754 亿元，向 3477 户企业发放绿色金融贷 974 亿元，对 1.08 万户产业链核心企业发放 1.45 万亿元信用贷款，对 5.25 万户产业链上下游企业发放贷款 5893 亿元。为提高中小微企业应收账款流转效率，各地大力推广中征应收账款融资服务平台应用。2021 年 1—11 月，全国共支持 2.3 万家中小微企业应收账款融资 1.8 万亿元。其中，海南积极推进应收账款融资，2021 年服务中小微企业融资 77 笔，融资金额 35.72 亿元。江西借助应收账款融资平台促成融资服务 1527 笔，其中中小微企业占比达到 90%以上。

转移转化联盟加速科技创新成果落地。2021 年，“三省一市”成立长三角国家科技成果转移转化示范区联盟，其宗旨是推动长三角地区在科技成果高质量供给、成果供需精准匹配对接、成果转移转化生态构建、成果转移转化体制机制优化等方面加强协同合作，打造形成覆盖长三角、辐射全国、链接全球的科技成果转移转化高地。2021年3月，中科院北京国家技术转移中心与中关村街道达成合作共建中关村科技联盟，其宗旨是利用资源和区位优势，为企业、投资人、中科院院所专家和项目团队对接资源，创建信息交流互通的平台，以服务中关村、海淀区乃至北京市的成果转移转化。截至2022年2月底，中科院科技联盟已开展各类活动50多次，对接中关村辖区中科院科研院所11家，服务企业50余次。2021年4月，中国工程院院士专家成果展示与转化中心在上海成立，中心以成果展示、成果转化、科技攻关等为重点任务，对接和满足企业技术创新需求，促进院士专家成果重点在集成电路、生物医药、人工智能、高端装备制造、智能传感器等重大需求方面实现产业化。2022年3月，广州南沙科技成果转化联盟成立。联盟由华南技术转移中心、云从科技、精准医学研究院、广东医谷、港科大霍英东研究院等56家单位发起成立，充分整合协调各方资源，在成果转化、创新创业等方面探索新模式，建设粤港澳全面合作示范区。

创新创业全球化合作不断推进。创新创业助力世界经济复苏。2021年，中瑞签署《中瑞创新创业合作谅解备忘录》，在此框架下共组织来自双方的16家科技园区围绕政策环境、产业特色等展开对接交流，合作举办各类会议和活动6场。中加联合创业营为40多个安大略的初创公司提供了超过2000万加元的融资，在安大略省创造了200多个就业岗位，已经在加拿大产生了40亿加元估值的创新公司，营造了国际化的创新创业生态圈。北京中德产业园正式开园，作为国内首个以“经济技术”合作为主题的国家级对德合作园区，截至2022年1月底，园区已集聚奔驰、宝马等70余家德资企业，年产值超过300亿元，其中德国隐形冠军企业25家。上海静安国际创新走廊示范基地以全球化创业为主导方向，构建多层次、全方位的创新创业生态，打造国际化、专业化、数字化双创示范基地品牌，为全球化创新创业提供“上海方案、静安模式”。广州南沙致力打造港澳青年“双创”首选地，出台“港澳青创30条”，建设粤港澳青少年交流促进会，港澳国际青创中心、澳门青年创新创业基地等8家港澳青创基地，吸引240多个港澳青创团队入驻，累计落户港澳企业近3000家、投资额超1140亿美元。

第五节　提升企业创新发展能力

近年来，为适应国内外经济形势发展的需要，企业主动扩大研发投入，努力增强创新实力，重视核心技术掌控，不断提升专利产出，全力增强创新能力，涌现出越来越多的创新型企业，带领行业高质量发展。

一、企业研发投入扩大增强创新实力

企业研发经费支出规模持续快速增长。2020年，全国企业研究开发经费（R&D）18673.8亿元，比上年增长10.4%；占全国R&D经费的比重达76.6%，对全国增长的贡献达77.9%。其中，规模以上工业企业R&D经费投入强度为1.41%，比上年提高0.09个百分点。重点领域R&D经费投入强度稳步提高，为关键核心技术攻关和产业基础能力提升创造条件。在规模以上工业中，高技术制造业R&D经费4649.1亿元，投入强度为2.67%，比上年提高0.26个百分点；装备制造业R&D经费9130.3亿元，投入强度为2.22%，比上年提高0.15个百分点。国家鼓励和支持科技创新活动的各项政策进一步落地落实，政策效果持续显现。相关调查结果显示，2020年，规模以上企业享受研发费用加计扣除减免税金额为2421.9亿元，比上年增

长29.4%，企业对该政策认可度高达87.7%，比上年提高2.7个百分点。以“减税”替代“直补”支持创新政策取得良好成效，企业研发活动积极性持续提升，规模以上企业开展研发活动的比例为28.4%，比上年提高2个百分点。

创新型企业研发实力持续增强。《2021年欧盟工业研发投入记分牌》显示，2020年中国有597家企业进入全球研发投入2500强，比上年增加61家，排名稳居全球第二，中国上榜企业总研发投入占比显著提升，比上年提升2.4个百分点，研发投入增长率位列全球第一。《2021中国500强企业发展报告》显示，2020中国企业500强共投入研发经费1.31万亿元，比上年增长21.50%，占2020年全国企业研发投入经费总额的64%左右，占全国研发投入的53.49%；研发强度为1.77%，提高0.16个百分点，创下历年500强研发强度新高。

二、企业科技成果涌现提升创新能力

企业专利产出快速提升。世界知识产权组织（WIPO）发布的数据显示，2021年，中国申请人通过《专利合作条约》（PCT）途径提交的国际专利申请达6.95万件，同比增长0.9%，连续第三年位居申请量排行榜首位。截至2021年底，我国国内拥有有效发明专利的企业达到29.8万家，较上年增长5.2万家。国内企业拥有有效发明专利190.8万件，同比增长22.6%，高于全国平均增速5.0个百分点。其中，高新技术企业拥有有效发明专利121.3万件，占国内企业总量的63.6%。2021年，国外申请人在华发明专利授权11万件，同比增长23.0%。2021年全球PCT国际专利申请人排行榜中，华为以6952件申请连续五年位居榜首，OPPO广东移动通信（2208件）和京东方（1980件）分列第6、7位。

企业不断掌握核心技术。科技领军型企业发挥自身优势，在此次抗击疫情中攻克核心技术，为提质增效注入强大动力。国药集团中国生物上海捷诺研发的新冠病毒核酸分子检测试剂盒，首批通过国家药监局认证和欧盟 CE 认证；国药集团中国生物武汉生物制品研究所的新型冠状病毒灭活疫苗，获得国家药品监督管理局临床试验许可，是全球首家获得临床试验批件的新冠病毒灭活疫苗。中国兵器工业集团电子院华东光电集成器件研究所紧急启动呼吸机用压差传感器和医疗供氧系统用氧分压传感器科研攻关，并取得突破，该芯片各类单项试验，性能指标精度达到 0.1℃，抗干扰能力较优。中国电科声光电子集团成功打通热电堆红外温度传感器芯片产业化瓶颈，使得产能大幅提高。

三、创新型企业带领行业高质量发展

独角兽企业快速涌现。创新型企业普遍具有依靠技术创新不断获取市场竞争优势和持续发展动力的特点。同时，这些企业通过自身的快速发展推进上下游产业发展，有效提升供给能力和水平，引领产业实现高质量发展。独角兽企业作为初创创新型企业的典型代表，其快速涌现显示了企业创新实力的整体提升。胡润研究院发布的《2021 全球独角兽榜》，列出了全球成立于 2000 年之后，价值 10 亿美元以上的非上市公司，全球共有 1058 家独角兽企业上榜，中国以 301 家排名第二，其中有 146 家为新上榜企业。中国独角兽企业从事电子商务、医疗健康和人工智能行业的较多，占中国独角兽企业总数的三分之一。其中，中国的互联网企业字节跳动估值增长 1.7 万亿元，达到 2.3 万亿元，超过蚂蚁集团，成为全球最大独角兽企业；蚂蚁集团以 1 万亿元估值排名第二。

瞪羚企业快速成长。瞪羚企业作为创新性强、成长性好的高新技术企业，其爆发式增长显示了企业技术水平的整体提升。2022 年 1 月 25 日，胡润研究院首次发布的《胡润全球瞪羚企业》显示，全球共找到525家瞪羚企业，美国以201家排名第一，中国以171家排名第二，新发现中国瞪羚企业114家。从总数上看，生物科技是瞪羚企业第一大行业，达到41家；企业服务超过人工智能，成为瞪羚企业所从事的第二大行业，达到27家；人工智能行业排名第三，有15家。这些企业平均成立六年，其中5家成立仅一年，4家属于高端制造业，以半导体为主的企业，有摩尔线程、沐曦集成电路、芯华章、洛轲智能和ACC超级饰。

中小企业专精特新加速培育。各级政府不断加强对专精特新“小巨人”企业的支持力度，上下联动、部门协同推进中小企业专精特新发展的良好局面已初步形成。中央财政累计安排100亿元以上奖补资金，分三批重点支持1000余家国家级专精特新“小巨人”企业高质量发展，2021年已安排35.2亿元支持两批共1379家“小巨人”企业；全国已有19个省区市提出了专精特新中小企业专项支持政策，36个省区市累计安排超40亿元地方财政资金支持专精特新中小企业发展。2021年工业和信息化部培育第三批2930家专精特新“小巨人”企业，累计已培育4762家专精特新“小巨人”企业，带动各地培育省级专精特新中小企业4万多家，入库培育企业11.7万家。专精特新“小巨人”企业超五成研发投入在1000万元以上，超六成属于工业基础领域，超七成深耕行业10年以上，超八成居本省细分市场首位，成为提升产业链供应链稳定性和竞争力的关键环节。

第六章　发展展望

2022年是实施“十四五”规划的关键之年，是党和国家事业发展进程中十分重要的一年。要以习近平新时代中国特色社会主义思想为指导，深入贯彻落实党的十九大和十九届历次全会精神，坚持稳中求进工作总基调，立足新发展阶段，完整、准确、全面贯彻新发展理念，加快构建新发展格局，大力实施创新驱动发展战略，全面落实支持创新创业创造的各项举措，推进创新创业向更高质量、更高水平发展，为推动经济行稳致远作出新贡献，以优异成绩迎接党的二十大胜利召开。要更加注重强化六方面重点工作。

一是进一步优化营商环境。风清物新，简政易行，要持续优化市场化法治化国际化营商环境，厚植创新创业沃土，让更多创新创业主体迸发生长。深入推进“放管服”改革，继续破除制约创新创业的各种障碍，提供更加高效便捷的政务服务，降低制度性交易成本，给新产业新业态新模式留好发展空间。加强事中事后监管，创新监管方式，提升监管有效性，反对垄断和不正当竞争，维护公平公正的市场秩序，守好安全底线，依法保护各类市场主体产权和合法权益。

二是进一步加大政策支持力度。着力打破羁绊和政策支持并举，“扶上马送一程”，提高创新创业主体活跃度。把小微企业税收优惠、制造业企业研发费用加计扣除、普惠金融等政策送上门，让更多优惠政策非申即享、应享尽享。推动创业投资、科技金融等更好发展，为创新创业主体提供多元融资支持。研究精准化支持政策，尽可能“雪中送炭”，更好地把政策之“肥”施到根上，让创新创业主体节节生长。激励企业家干事创业，支持企业家专注创新创业、安心经营发展。

三是进一步增加创新源头供给。强化企业创新主体地位，促进各类创新要素向企业集聚。推动产学研深度整合，鼓励企业牵头组建创新联合体，强化产业链上中下游、大中小企业融通创新，加快突破关键核心技术，为创新创业和产业发展培育源源不断的科技“新种子”。加强知识产权保护和运用，完善有利于科技成果转化的激励机制和服务体系，深化产学研用结合，让源头创新、成果转化与市场应用的链条更加顺畅，让科技成果通过创新创业开花结果，让创新创业依靠科技强筋壮骨。

四是进一步提升平台服务功能。大力发展集技术孵化、融资投资、创业服务等于一体的专业化服务载体，更好为创新创业加油助力、导航引路。支持有条件的行业龙头企业建设一批融通创新平台，构建全链条的创新创业生态，推进创新资源共享、技术联合研发、科技成果对接转化，促进创新链、产业链、供应链融合通汇。依托“互联网+”平台，推动各类市场主体线上线下结合，支持各类创新创业主体相融共生，加速初创企业的内外部孵化，形成更大的倍增效应。

五是进一步强化育才聚才用才。弘扬科学精神、专业精神、工匠精神，打造创新创业生力军。发挥好教育作为人才成长阶梯的作用，鼓励学生在就学期间练就创新创业本领，培养创新意识，激发创造热情，崇尚务实笃行。广泛开展职业技能培训，提高劳动者技能水平和职业素养，造就千千万万能工巧匠、行家里手。针对不同群体创新创业，在人才落户、子女入学、社会保障等方面给予精准政策支持。实行更加开放的人才政策，构筑集聚国内外优秀创新创业人才的高地，提供展示风采、才华的舞台。

六是进一步深化创新创业国际合作。推动建设国际创新合作示范区,吸引海外优秀人才和初创企业来华发展,融入我国产业链供应链。支持有条件的双创示范基地向国际化发展,探索政府扶持发展投资的有效模式,吸引更多海外人才、外企高管等精英人才来华在华创业。优化布局海外创新创业基地、国家海外人才离岸创新创业基地等,提升国际化服务水平,深度参与全球创新创业合作,创新国际合作模式。

后　　记

《2021年中国大众创业万众创新发展报告》是国家发展改革委组织编写的反映我国创新创业情况的第七份年度报告,由总论和六个章节构成。总论部分简要总结2021年大众创业万众创新发展情况、最新进展、突出亮点和总体成效,第一章至第六章分别就创新创业环境、创新创业服务、创业融资、创业就业、创新创业成效、发展展望等情况进行了描述。

国家发展改革委高技术司和中国宏观经济研究院负责具体组织编写工作,教育部、科技部、工业和信息化部、财政部、人力资源和社会保障部、农业农村部、人民银行、国有资产监督管理委员会、市场监督管理总局、银行保险监督管理委员会、证券监督管理委员会、中国科协创新战略研究院、科技部火炬中心、国家发展改革委创新驱动发展中心、中国信息通信研究院、人事科学院、清科集团等单位相关人员参与了部分章节的撰写工作。全书由王昌林、刘国艳、曾红颖、安淑新、魏国学、刘方、张铭慎、徐文舸、田帆、郭文波、杨帆、何明洋、张斯琪修改定稿。

在本书编写过程中,国务院有关部门为本报告的编写提供了许多宝贵资料和数据,双创示范基地提供了丰富的素材。同时,本报告也摘选引用了相关机构的研究报告内容。我们在此表示衷心感谢。

由于目前关于大众创业万众创新的统计仍在持续完善，加之我们对创新创业理论和实践的研究也在不断深入，书中难免有疏漏和不当之处，敬请读者批评指正。

编写组

2022 年 5 月

责任编辑：池　溢
封面设计：汪　阳
责任校对：白　玥

图书在版编目(CIP)数据

2021年中国大众创业万众创新发展报告/国家发展和改革委员会 编著. —
北京:人民出版社,2022.6
ISBN 978-7-01-024795-3

Ⅰ.①2…　Ⅱ.①国…　Ⅲ.①劳动就业-研究报告-中国-2021　Ⅳ.①D669.2

中国版本图书馆 CIP 数据核字(2022)第 088619 号

2021年中国大众创业万众创新发展报告

2021NIAN ZHONGGUO DAZHONG CHUANGYE WANZHONG CHUANGXIN FAZHAN BAOGAO

国家发展和改革委员会

人民出版社 出版发行
(100706　北京市东城区隆福寺街99号)

北京九州迅驰传媒文化有限公司印刷　新华书店经销

2022年6月第1版　2022年6月北京第1次印刷
开本:710毫米×1000毫米 1/16　印张:7.5
字数:92千字

ISBN 978-7-01-024795-3　定价:25.00元

邮购地址 100706　北京市东城区隆福寺街99号
人民东方图书销售中心　电话 (010)65250042　65289539